拜德雅
Paideia
人文丛书

临　界
鲍德里亚访谈录

[法]让·鲍德里亚(Jean Baudrillard)
[法]菲利普·帕蒂(Philippe Petit) | 著

戴阿宝 | 译

上海社会科学院出版社
SHANGHAI ACADEMY OF SOCIAL SCIENCES PRESS

目　录

- 总　序 -

重拾拜德雅之学

1

中国古代，士之教育的主要内容是德与雅。《礼记》云："乐正崇四术，立四教，顺先王《诗》《书》《礼》《乐》以造士。春秋教以《礼》《乐》，冬夏教以《诗》《书》。"这些便是针对士之潜在人选所开展的文化、政治教育的内容，其目的在于使之在品质、学识、洞见、政论上均能符合士的标准，以成为真正有德的博雅之士。

实际上，不仅是中国，古希腊也存在着类似的德雅兼蓄之学，即 paideia（παιδεία）。paideia 是古希腊城邦用于教化和培育城邦公民的教学内容，亦即古希腊学园中所传授的治理城邦的学问。古希腊的学园多招收贵族子弟，他们所维护的也是城邦贵族统治的秩序。在古希腊学园中，一般教授修辞学、语法学、音乐、诗歌、哲学，当然也会讲授今天被视为自然科学的某些学问，如算术和医学。不过在古希腊，这些学科之间的区分没有那么明显，更不会存在今天的文理之分。相反，这些在学园里被讲授的学问被统一称为 paideia。经过 paideia 之学的培育，这些贵族身份的公民会变得“καλὸς κἀγαθός”（雅而有德），这个古希腊词语形容理想的人的行为，而古希腊历史学家希罗多德（Ἡρόδοτος）常在他的《历史》中用这个词来描绘古典时代的英雄形象。

在古希腊，对 paideia 之学呼声最高的，莫过于智者学派的演说家和教育家伊索克拉底（Ἰσοκράτης），他大力主张对全体城邦公民开展 paideia 的教育。在伊索克拉底看来，paideia 已然不再是某个特权阶层让其后嗣垄断统治权力的教育，相反，真正的 paideia 教育在于给人们以心灵的启迪，开启人们的心智，与此同时，paideia 教育也让雅典人真正具有了人的美德。在伊索克拉底那里，paideia 赋予了雅典公民淳美的品德、高雅的性情，这正是雅典公民获得独一无二的人之美德的唯一途径。在这个意义上，paideia 之学，经过伊索克拉底的改造，成为一种让人成长的学问，让人从 paideia 之中寻找到属于人的德性和智慧。或许，这就是中世纪基督教教育中，及文艺复兴时期，paideia 被等同于人文学的原因。

2

在《词与物：人文科学考古学》最后，福柯提出了一个“人文科学”的问题。福柯认为，人文科学是一门关于人的科学，而这门科学，绝不是像某些生物学家和进化论者所认为的那样，从简单的生物学范畴来思考人的存在。相反，福柯认为，人是“这样一个生物，即他从他所完全属于的并且他的整个存在据以被贯穿的生命内部构成了他赖以生活的种种表象，并且在这些表象的基础上，他拥有了能去恰好表象生命这个奇特力量”[1]。尽管福柯这段话十分绕口，但他的意思是很明确的，人在这个世界上的存在是一个相当复杂的现象，它所涉及的是我们在这个世界上的方方面面，包括哲学、语言、诗歌等。这样，人文科学绝不是从某个孤立的角度（如单独从

1　米歇尔·福柯：《词与物：人文科学考古学》，莫伟民译，上海：上海三联书店，2001 年，第 459-460 页。

哲学的角度，单独从文学的角度，单独从艺术的角度）去审视我们作为人在这个世界上的存在，相反，它有助于我们思考自己在面对这个世界的错综复杂性时的构成性存在。

其实早在福柯之前，德国古典学家魏尔纳·贾格尔（Werner Jaeger）就将 paideia 看成一个超越所有学科之上的人文学总体之学。正如贾格尔所说，“paideia，不仅仅是一个符号名称，更是代表着这个词所展现出来的历史主题。事实上，和其他非常广泛的概念一样，这个主题非常难以界定，它拒绝被限定在一个抽象的表达之下。唯有当我们阅读其历史，并跟随其脚步孜孜不倦地观察它如何实现自身，我们才能理解这个词的完整内容和含义。……我们很难避免用诸如文明、文化、传统、文学或教育之类的词来表达它。但这些词没有一个可以覆盖 paideia 这个词在古希腊时期的意义。上述那些词都只涉及 paideia 的某个侧面：除非把那些表达综合在一起，我们才能看到这个古希腊概念的范阈”[1]。贾格尔强调的正是后来福柯所主张的“人文科学”所涉及的内涵，也就是说，paideia 代表着一种先于现代人文科学分科之前的总体性对人

1 Werner Jaeger. *Paideia: The Ideals of Greek Culture. Vol. 1*. Oxford: Blackwell, 1946, p.i.

文科学的综合性探讨研究，它所涉及的，就是人之所以为人的诸多方面的总和，那些使人具有人之心智、人之德性、人之美感的全部领域的汇集。这也正是福柯所说的人文科学就是人的实证性（positivité）之所是，在这个意义上，福柯与贾格尔对 paideia 的界定是高度统一的，他们共同关心的是，究竟是什么，让我们在这个大地上具有了诸如此类的人的秉性，又是什么塑造了全体人类的秉性。paideia，一门综合性的人文科学，正如伊索克拉底所说的那样，一方面给予我们智慧的启迪；另一方面又赋予我们人之所以为人的生命形式。对这门科学的探索，必然同时涉及两个不同侧面：一方面是对经典的探索，寻求那些已经被确认为人的秉性的美德，在这个基础上，去探索人之所以为人的种种学问；另一方面，也更为重要的是，我们需要依循着福柯的足迹，在探索了我们在这个世界上的生命形式之后，最终还要对这种作为实质性的生命形式进行反思、批判和超越，即让我们的生命在其形式的极限处颤动。

这样，paideia 同时包括的两个侧面，也意味着人们对自己的生命和存在进行探索的两个方向：一方面它有着古典学的厚重，代表着人文科学悠久历史发展中形成的良好传统，孜孜不倦地寻找人生的真谛；另一方面，也代表着人文科学努力在生命的边缘处，寻找向着生命形式的外部空间拓展，以延伸我们内在生命的可能。

3

这就是我们出版这套丛书的初衷。不过，我们并没有将paideia一词直接翻译为常用译法“人文学”，因为这个“人文学”在中文语境中使用起来，会偏离这个词原本的特有含义，所以，我们将paideia音译为“拜德雅”。此译首先是在发音上十分近似于其古希腊词语，更重要的是，这门学问诞生之初，便是德雅兼蓄之学。和我们中国古代德雅之学强调“六艺”一样，古希腊的拜德雅之学也有相对固定的分目，或称为“八艺”，即体操、语法、修辞、音乐、数学、地理、自然史与哲学。这八门学科，体现出拜德雅之学从来就不是孤立地在某一个门类下的专门之学，而是统摄了古代的科学、哲学、艺术、语言学甚至体育等门类的综合性之学，其中既强调了亚里士多德所谓勇敢、节制、正义、智慧这四种美德

（ἀρετή），也追求诸如音乐之类的雅学。同时，在古希腊人看来，“雅而有德”是一个崇高的理想。我们的教育，我们的人文学，最终是要面向一个高雅而有德的品质，因而我们在音译中选用了“拜”这个字。这样，“拜德雅”既从音译上翻译了这个古希腊词语，也很好地从意译上表达了它的含义，避免了单纯叫作“人文学”所可能引生的不必要的歧义。本丛书的logo，由黑白八点构成，以玄为德，以白为雅，黑白双色正好体现德雅兼蓄之意。同时，这八个点既对应于拜德雅之学的“八艺”，也对应于柏拉图在《蒂迈欧篇》中谈到的正六面体（五种柏拉图体之一）的八个顶点。它既是智慧美德的象征，也体现了审美的典雅。

不过，对于今天的我们来说，更重要的是，跟随福柯的脚步，向着一种新型的人文科学，即一种新的拜德雅前进。在我们的系列中，既包括那些作为人类思想精华的**经典作品**，也包括那些试图冲破人文学既有之藩篱，去探寻我们生命形式的可能性的**前沿著作**。

既然是新人文科学，既然是新拜德雅之学，那么现代人文科学分科的体系在我们的系列中或许就显得不那么重要了。这个拜德雅系列，已经将历史学、艺术学、文学或诗学、哲学、政治学、法学，乃至社会学、经济学等多门学科涵括在内，其中的作品，或许就是各个学科共同的精神财富。对这样一些作品的译介，正是要达到这样一个目的：在一个大的人文学的背景下，在一个大的拜德雅之下，来自不同学科的我们，可以在同样的文字中，去呼吸这些伟大著作为我们带来的新鲜空气。

临界

鲍德里亚访谈录

Le Paroxyste indifférent

Entretiens avec Philippe Petit

“paroxiton”一词的字面意思相当于源自拉丁语的pénultième，指的是韵律学中的倒数第二个音节。因此，临界（paroxysme）也就是倒数第二个时刻，不是终结的那一刻，而是即将结束的那一刻，已无话可说之前的那一刻。

价值的命运

终结政治经济学是马克思和我们梦寐以求之事。根据资本危机不可避免的逻辑，这是一场阶级消亡、社会领域变得透明之梦。然而，我们也曾梦想过反对马克思本人，拒绝经济学假设。这是一个激进的选择，彻底否定经济或政治领域在任何意义上的优先地位：政治经济学就是一个被削弱的附带现象，受控于它自身的拟像以及更高一级的逻辑。今天，我们甚至不必再去梦想实现这一目标。政治经济学正在我们眼前自行消失，变成一种投机的超经济学，它嘲弄自身的逻辑（价值规律、市场法则、生产、剩余价值、资本），从而发展成一种漂浮不定、规则随意的游戏，一场灾难（un jeu de catastrophe）。政治经济学必将终结，但是完全不像我们所预期的那样——它将会因恶化到戏仿的地步而终结。投机不再是剩余价值，而是价值的迷狂，与生产或其真实条件无关。它变成一种纯粹而空洞的形式，一种价值删除的形式，它现在只能在自我轨道的循环和运行中发挥作用。颇为讽刺的是，政治经济学正是通过对自身稳定性的巨大破坏而使所有的选择都短路了。你能做什么来应对这一不断增加的赌注？它以自己的方式吸纳了夸富宴的能量、纸牌游戏的能量、挑战自身逻辑的能量，并且表征了向经济学的审美和疯狂阶段的过渡——一种最奇特的终结经济学的方式，比我们的政治乌托邦更有创意。面对这一危险的跳脱，理论能否实现再次跃升以保持其优势？

重估一切价值，尼采的这一伟大思想已经以完全相反的方式得以实现：所有价值在退化。我们难以置身其外，我们陷入了善恶、真假、美丑难辨的困境——我们没有进入产品过剩的维度，而是进入了一个产品匮乏的维度。既无嬗变，也无超越，有的只是区分的消解和丧失。

我们梦想着一个超越的、极度的价值突变，迎来的却是一个回缩的、逆行的、退化的价值突变。《善恶的彼岸》（*Diesseits von Gut und Böse*），这是尼采的“安魂曲”（Requiescat）。

我们用价值补偿替代价值改变，我们用价值的彼此无异和混淆替代它们的对等变化。可以说，它们在贬值。所有的价值都大行其道，所有的价值都得以无差异交换，这是当下出现的空前危机。甚至有用和无用之间的差异不再有效，过度的功能造成它们被污染——这是使用价值消亡的丧钟。真实在比真更真、太真非真的拟真统治中抵消自身。虚假消失于太假非假的审美幻觉的终结。恶的缺失甚至比善的缺失更令人痛心疾首，假的缺失甚至比真的缺失更令人唏嘘难过。

今天我们正试图逐一修复所有这些价值，但是我们并不知道如何重构由其矛盾产生的能量。个体价值也是如此：我们不是在社会的辩证张力中修复它们，而是在社会一致的基础上修复它们——作为一件濒危的杰作。

消除了这种否定的张力，它们变得等价，可替代。一个通过另一个显现——善在恶中显现，假在真中显现，丑在美中显现，阳在阴中显现，反之亦然。一个借助另一个非直接地显现。一种普遍的价值斜视。我们距价值间的张力或碰撞还有很长的路要走，如同能量的激增，物质和反物质之间的碰撞导致能量的最终释放。当假攫取真的全部能量时——或相反——艺术就产生了，或幻觉就产生了。当真吸收所有非真的能量时，虚构就出现了。再有，一旦真失去了相反的能量，也就是想象的能量，拟真便会不请自来，这是最低程度的幻觉。一旦善失去恶的能量，最低限度的道德便会莅临登场。

所有的系统都是如此，包括价值系统。价值系统的特点在于它失去了参照和超出了目的。一旦超出最初的决定和自身的规范，它们就不再处于常态。从字面意义上看，任何生物过程都会辐射到整个肌体。因此，性不再局限于性，政治不再局限于政治。它们无处不在。审美自身就像一种可过滤的病毒。所有的分类都会让位给一种超级融合、自我平衡的浑然一体。

然而，这种无限制的价值的超级融合、辐射、扩散——最终，它的投注甚或感染都成为一种无法抗拒的流行病过程——是价值之外的传播的产物，还是相反，是不可否认的自身存在的迹象？至于超越价值，我们当然是超越价值的——货币在证券交易所里的流通和资本的疯狂流动，是仅就经济而言的。但这是已经实现了的价值乌托邦吗？更有可能的是，这是价值本身选择的一种致命的策略，它选择超出自身的目的，将能量完全释放到虚空。清算一切，不计后果。

只有形式的命运能够与价值的命运相抗衡。像各种形式的能量转化为热一样，所有形式都一直持续不断地转化为价值，转化为美学的价值、道德的价值、意识形态的价值，但价值本身也会转化，并且通过一个类似于分子的布朗运动的永久加速过程，最终混在一起，在无规则的、随机的、统计的世界里变得毫无差异、彼此等价。以这种方式，我们失去了使用价值，然后失去了被投机湮没的老牌儿的交换价值，而当下我们甚至正因为不确定的信号学而失去符号价值，正因为机器逻辑的无差异的循环而失去符号的差异逻辑。甚至符号也不再是原来的样子。物理的熵，形而上学的熵：每一种价值都处于熵的标识下，并且每一种差异都处于无差异的标识下。以差异为生的一切都会因无差异而死亡。以价值为生的一切都会因等价而死亡。以意义为生的一切都会因无意义而死亡。正是因为我们不再知道什么是真的或假的，什么是善的或恶的，什么是有价值的或无价值的，我们才被迫贮存一切、记录一切、保护一切，由此招致了无法挽回的贬值。是因为不再有任何价值标准，我们才无限制地累积，还是因为我们一味地贮存、累积，以现实覆加现实，以信息覆加信息，所有价值才变得混乱和不确定？甚至这本身都不再确定。

相对于价值游戏的差异，形式游戏具有双重性：可逆和变形。形式并不在意彼此区分，它们都是唯一的，不可比拟。正因为它们不可比拟，我们才会把它们体验为一场快乐的灾难，就像语言一样——或者把它们体验为男女之间不可比拟的二元性，它的存在只为彼此诱惑，不曾妥协。既不主动，也不被动，既非主体，也非客体，既不单一，也不多样：这就是双重和可逆的模式，从一种形式到另一种形式，保持着基本的距离和秘密的默许——一种早已注定的持存。

变形本身是一场快乐的灾难：它不断改变性别，不断改变观念，不断改变声音、文字、颜色。这是一种把人变为非人的改变，它不同程度地借助了外观、形式和物质的整个循环：植物、矿物、动物和人类的整个循环。一旦人类不再成就一切乃至终结一切，其他超人形式取而代之有何不可呢？

与价值的祛魅假设相对的是，形式的再魅假设。因为，如果所有价值的消逝确实是一个无法抗拒的过程的一部分，那么，就其本身而言，形式似乎坚不可摧——至少在梦中是如此。当根基的丧失被说成是形式的丧失时，我们可能就会落入希望不惜一切代价去拯救价值的陷阱。

第一部分

为什么无胜于有?

第一章　残　局

帕蒂：在《终结的幻觉》（*L'Illusion de la fin ou la Grève des événements*, 1992）一书的开头部分，您给人留下了彻底告别历史的印象。您谈到历史的消失，谈到“历史、意义和进步不再能够赶得上它们的逃逸速度”这样的想法，而作为一种被信息和媒介驱逐出它的原初场域的结果，事件已无法在记忆里而只能在计算机储存器里流传。您还写道：“历史不再可能超越自身 [……]；它 [……] 在内爆中变身为当下事件。”

这样的诊断难道不意味着所有政治变革的希望从一开始就被否定了吗？它怎么会允许我们逃离这样一个人们什么也不再相信但似乎注定要深陷其中的世界呢？是历史从您那里抽身而去，还是您已经给它开具了死亡证明？

鲍德里亚：并非如此。在题为“2000 年的荒诞玄学”那一章里，我是从这样一个想法出发的，即我们将再也无法回到信息和媒介之前的那样一种历史，历史的过剩或事件的过剩消解了历史活动的这种可能性。本没有那么多事件，只不过事件本身被新闻和信息过度渲染。我想说的是，恰是因为一切都变成了历史，历史才不再可信。心理、日常生活、性——所有的一切都被历史化了。繁冗远超精要，它使我们逐渐丧失了历史的概念和意义。这不是福山[1]意义上的历史终结，即通过解决以往所有曾产生了历史的矛盾而实现的历史终结，而是历史被稀释为事件，稀释为媒介的现场乃至过度的可见性。时间的连续性，这样一种定义历史的方式（必须要有之间具有连续性的过去、现在和将来，一系列的意义才可能重现）越发不确定。有了即时信息，就不会再有历史时间本身。某种意义上，历史发生的时间已无处可寻。它短路了。指出这一点，不是如你所提到的那样不再相信任何事情，而是要标示出历史的曲折，尝试去清除这一致命的影响。

---

1 弗朗西斯·福山（Francis Fukuyama，1952—），日裔美籍学者，曾师从塞缪尔·亨廷顿。他在《历史的终结与最后的人》（1992）一书中提出了著名的“历史终结”的观点。——中译者注

帕蒂：那么，为什么要如此强调“想象未来是我们力所不及的”这样一个想法呢？这表明我们必须时刻考虑到最糟糕的结果。这样看来，共产主义的衰落非同小可！欧洲历史彻底从教条主义的迷梦中醒过来了。至少可以这样说，即使巴尔干战争后风景遭到破坏……

鲍德里亚：随着共产主义的衰落，我们告诉自己：“历史重新开始了。”这是一种新视点下的咒语或幻觉的形式。曾经冻结的中东欧历史，一旦解冻，面貌焕然一新。它不是过往的那种历史进步的重现，在那里，未来如囊中之物。它是过往历史的复活，是徘徊的历史幽灵在后共产主义社会里的再次登场，是“对整个20世纪的颠覆性重写”，也是历史遗迹的拼贴。在新社会秩序寻求自我平衡的空间里，两个系统通过反常的相互污染交换着它们的残存物。东欧解冻后的自由和西欧放大的、神性化的（muséifiée）自由，它们是一枚硬币的两面。在历史的创造和拆解中，在历史的上升和忏悔中，我们看到的那些重现的类似事件——例如民族主义，将不再拥有同样的意义。

帕蒂：不再拥有同样的意义，但还是有意义……

鲍德里亚：事件相互冲突，持续不断，但并没有产生新的力量关系。某种程度上，它们沉溺于过去，被过去的问题所纠缠。昨天的问题还在那儿，我们不知道该如何解决它们，无法为新事件的到来扫清道路。必须承认，1989年提供了一个幻觉的视角，但是我们很快发现那个“幸福结局”的主角们再也无牌可打了。历史进入循环，我们开始向后去翻拍这部电影……

今天，我们只能指望千禧年这一具有象征意义的术语让我们再次出发。2000年，这是唯一有预言能力的非事件。一次神奇的等待，一次对非基督降临的千禧年本身的等待。在此期间，每个人都屈下身体，僵硬地匍匐着，紧盯倒计时，如同患上了集体焦虑症。但这是一个空洞的悬念：仿佛整个20世纪要在这几年里清空自身的内容，仿佛它要把所有要求都缩减成对历史痕迹的清除。

帕蒂：或许是吧。但你无法否认共产主义已经式微，苏联体制的崩溃确实已经发生！

鲍德里亚： 共产主义体制和柏林墙并没有向外倒塌，成为开放和自由的标志，而是向内倒塌，成为瓦解和废除的标志，一个暴力的、毫无解放意义的结果。它们自我毁灭，剩下一无所有的空间，就像内爆的建筑物一样。这一倒塌唯一释放出来的东西就是倒塌本身的传染性病毒。事实上，这就是苏联发生的事情：解体和消失在发酵，以失踪相威胁的敲诈在发酵，这些是立即被吸引或显露出来的东西，是东欧乐于向西欧输出的东西，而作为交换，西欧打着自由的幌子，通过资本主义的自由市场和更有效率的价值体系，施加自己的影响，但这一切同样具有易溶解性。我们可以看到，柏林墙既保护了西欧免遭东欧影响，也保护了东欧免遭西欧影响，这是一种礼尚往来。我们还可以看到，共产主义至少保留了对西方价值的虚构。这可能会让人们对它的复兴、回归或类似的东西抱有希望——这是使世界重新两极分化的最后手段。

帕蒂： 在此期间，到底发生了什么？

鲍德里亚： 这两个体系彼此传染。一个送给另一个技术和市场，另一个则回馈它污染、病毒和恐惧。事情还没有最终解决，但我想已经获胜的不是资本主义，而是全球化。可以说，付出的代价是普世价值体系的丧失。诚然，我们看到的是一种人权和民主的繁荣，但它们的效力早已丧失殆尽。我们不再处于两个体系之间的力量博弈中，而是处于一种否定性的竞争中，要看看谁能优先掌控自己的价值并将其推销出去——这是一场清算竞赛。

共产主义及其惊人的衰落，即一场宏大的历史规模意义上的衰落，是在已经实现了的乌托邦灾难中对社会的清算，对作为理念、价值、乌托邦理想的政治的清算，但西方也同样如此：已实现的幸福的乌托邦不也遭遇了全面失败吗？确切地说，西方价值体系的崩溃与东欧共产主义的崩溃如出一辙。西方的麻木，一种由激素和动物饲料喂养出来的幸福，一种脆弱的技术化迷狂，我们将这种交流性病毒传递给东欧以换取它对民主的开放，比起那种完全对立的极权主义、严密控制和官僚主义的传染源，这种病毒甚至更加糟糕。这是用公开的堕落反对那种隐蔽的、秘密的、被压抑的堕落。1989 年可被视为两大世界之间全面开启相互传染的标志。或许，资本主义世界及其价值和原则的衰落、瓦解，甚至早于东欧的社会主义？或许，后者策动了西方世界对自身价值的漠不关心——不再拥有任何意识形态、任何名副其实的政治意愿？今天，所有的差异都被迫屈从于一种未经分化的普遍性。熵大获全胜，市场和民主之熵被不可抗拒地导向了所有价值的普遍交换。因此，西方世界已经意识到了自身无可挽回的衰落，一股修正主义浪潮席卷而来，到头来西方世界甚至有了试图恢复一些老牌价值观（包括共产主义价值观）以拯救自己身份的冲动。也因此，我们所拥有的共产主义最终变成了一种人道主义！

帕蒂：对您来说，今天的资本主义意味着什么？

鲍德里亚：我真的不太了解。全球化事务是一种对普遍性的稀释，它是一种纯操作层面上的一般等价物，它甚至不再涉及任何对立或否定的价值，比如革命或对劳动的轻视。很长的一段时间里，共产主义提供了一个对抗性体制。今天对抗性体制已不存在，因为体制本身不再拥有任何价值或吸引力。所有保留下来的东西都把世界自动改写为全球化。

帕蒂：在普遍性和全球化之间，您做出了怎样的区分？

鲍德里亚：全球化造成了所有差异的减弱和消失，纯粹和单一的交换循环大行其道。所有的自由都在纯粹的交换自由面前萎缩了。全球化和普遍性不可相提并论，甚至可以说它们是相互排斥的。全球化是技术、市场、旅行、信息的全球化，普遍性则是价值、人权、自由、文化、民主的普遍性。全球化似乎不可逆转，普遍性却正在逐渐消失。至少它已经把自身打造成了与西方现代性同等规模的价值体系，这一点是其他任何文化都无法比拟的。甚至，像日本这样鲜活的当代文化也都难以与之匹敌。并不存在这样一个价值体系：它自以为是地认为自身适应于所有文化以及它们之间的差异，而自身不具有相对性，这种想成为其他所有文化的理想超越者的天真渴望，无疑是自相矛盾的。我们从未想过，普遍性仅仅是西方独有的思维方式，仅仅是该思维方式的特殊产品——不可否认，它具有原创性，但最终它并不比其他任何地方的产品输出得更多。然而，日本人并未将其作为一个独具特色的西方意义上的抽象概念加以固守，反而通过某种奇特的转换，将我们的普遍性相对化，并融入了他们自身的独特性当中。

帕蒂：您为什么如此坚定地倾向于将普遍性融入一个民族的独特文化之中呢？我并不介意和您一样承认理性主义道德经历了一段曲折的历史。班达[1]在1927年所谴责的对普遍性的背叛，今天不再是一个问题。但是我无法理解为什么启蒙理想的重建会是这样一个难以完成的任务？先是阿多诺，后有哈贝马斯……

鲍德里亚：每一种特立独行的文化都在普遍性中遭遇厄运。每一种文化都在获得普遍性之际丧失了自身的独特性，甚至走向衰落。事情就是这样，我们佯装得益于普遍性，其实我们被强制同化所摧毁。不同之处在于，其他文化因

1　朱利安·班达（Julien Benda，1867—1956），当代法国哲学家、作家。1927年出版《知识分子的背叛》（*Der Verrat der Intellektuellen*）一书。该书对第一次世界大战后知识分子背叛“永恒的原则”而去追随政治党派的行径持批判态度，重新评估了他们的社会价值。——中译者注

其独特性而死，死得其所，而我们文化的行将就木则因自身独特性的丧失、因自身价值的毁灭，死而无义。我们相信，每种价值都注定要被提升到普遍性，但却无从估量这一提升所带来的致命危险：它远不是提升，而是一种退化，或可说提升到价值的零度。在启蒙时代，普遍性发生在顶层，是一种向上进步的结果。今天，普遍性发生在底层，扩散和无限制的延伸带来了价值中性化。这就是人权和民主等价值的情况：它们的扩张符合自身最弱的定义、最大的熵。价值标准的复制。这是一种独一无二性（la pensée unique）[1] 对普遍性的胜利。至于全球化，首先是市场的全球化，它是所有交换和所有产品之间的交媾，是货币的永久流通。用一个文化术语来说，它是所有符号和所有价值之间的交媾——换言之，它是一种色情。因为世界范围内通过网络传播和展示的任何事情都是色情。对性而言，淫

1 “独一无二”是近年来法国的政治讨论涉及的口号之一。它暗示一种单一思维方式，英语缩写为“TINA”（“别无替代”）。《世界外交报》（*Le Monde diplomatique*）的编辑将它定义为“一系列经济力量的利益，尤其是国际资本的利益，在统一性的伪装下，转化为意识形态术语”的过程，并把它的主要来源确定为大型经济和货币机构，比如世界银行、国际货币基金组织（IMF）、经济合作组织（OECD）、关贸总协定（GATT）、欧洲委员会等。参见伊纳希欧·哈莫内，《独一无二》，见《世界外交报》（Ignacio Ramonet, ‘La Pensée unique’, *Le Monde diplomatique*, 490, January 1995, p. 1）。——英译者注

秽没有必要，交配就足够了。在这一过程的最后，全球化和普遍性合二而一。普遍性本身已被全球化：民主、人权，像任何全球化产品一样，像石油或资本一样，参与流通。有鉴于此，我们可以扪心自问，普遍性是否已经穷途末路，除了口惠之外一无所获，除了官德之外无处栖身。无论如何，对我们来说，普遍性的镜子已被打碎（事实上，我们可以在这里看见某些类似于人类的镜像阶段的事物）。但或许这表征了一个时机，在这一破碎的镜片里，所有的独特性得以重现，那些我们认为威胁生存的独特性得以延续，那些我们认为已经消失的独特性得以复活。这种越来越激烈的对全球化抵制——社会和政治的抵制，就像以往不惜一切代价的对现代性的拒绝一样——必须被视为是对普世价值之支配作用的本能的蔑视性反应，是超越经济和政治的东西。这是对现代性的既定立场以及进步的历史观念的深度修正，是对风靡于世的全球化技术结构以及所有文化和所有大陆的普遍性概念的心理认同结构的拒绝。从“启蒙”思想的角度看，这种独特性的复兴——甚或造反——可能具有暴力、不规则、非理性的一面，它可能会充分利用伦理的、宗教的或语言的形式，也可能会在个体层面上采取喜怒无常的和神经质的形式。但是，将所有这些日益失控的事态谴责为民粹主义、复古主义甚或恐怖主义，将是一个根本性错误（人们会看到，这一错误表现在所有权力和众多“知识分子”共同编织了政治正确的道德话语）。今天，构造事件的一切被用来抵制普遍性，抵制抽象的普遍性（包括伊斯兰教对西方价值观的顽强抵制——正因为伊斯兰教最激进地反抗西方全球化，所以它成了当下今天最大的敌人）。如果不了解这一点，我们将陷入一场无止无休、毫无意义的角力当中，这是一场确保权力和良知的普遍性与越来越多的难以调和的独特性之间的较量。甚至在我们的社会里，在普遍性同化的过程中，你可以看到为这个概念所牺牲的一切并没有真正消失，它们只是转入了地下。眼下正发生着一场倒退，一场向完全自封的进步史、向其终点完全凝固的进化论的倒退——事实上，这一终点在相当长的一段时间里已经被遗忘了。如今这种乌托邦已经瓦解，其深度脱序的推进速度甚至超过了用武力巩固的速度。

帕蒂：脱序的乌托邦就像尼采所说的最后那个人，

这是一种标准的民主乌托邦，它被还原为一种最简单的表达……

鲍德里亚：它的先天性幻觉确切地说就是民主的幻觉。我们面对的是一个复杂的三位一体的术语构造，即全球化交换、普遍性价值和独特性形式（语言、文化、个体及特性，还有机遇、偶然等——所有这一切的普遍性，照理都会被指责为例外和反常）。眼下，一旦普遍性价值失去某种权威性和合法性，整个局面就会发生改变，会变得更加激进。只有当它们能够证明自身具有价值调和力时，它们才会（或多或少地）将独特性作为差异整合到普遍存在的差异文化当中。然而，当全球化成功地清除了所有的差异和价值、开启了一种完美的无差异的（非）文化时，它们只能束手无策。一旦普遍性丧失，一旦普遍性失去平衡，剩下的就是无所不能的全球化技术结构对抗回到原始状态并被抛弃在它们自己的存在方式中的独特性。

普遍性曾有过它的历史机遇，但是今天面对一种全新的世界秩序，它已无从选择，一边是不可逆转的全球化，另一边是率性而为或叛逆十足的独特性，自由、民主、人权的概念变得苍白无力，它们只能作为已逝的普遍性幻象。很难想象普遍性还能在它的灰烬中重生，很难相信仅依靠政治操弄事情就能得以解决——后者正陷入同样的反常之中，对它来说，除了知识或道德力量之外，几乎没有任何更实质性的内容了。然而，事情并没有得到最终解决，即使现在这一切都是以普世价值为基础的。在普遍性留下的空白处，利害关系更加凸显，全球化并不一定会成为赢家。面对同一化的、可溶解的力量，我们可以看见差异之力无处不在，这种力量不仅是不同的，而且是对立的，也是不可还原的。

帕蒂：您完全倾向于认为西方已经没落？

鲍德里亚：西方的没落是其历史的组成部分。这不是我的发明。“新的情感秩序”，即不满、忏悔和“受害者社会”的秩序，是一场意义危机的延伸，这场危机始于 19 世纪，伴随着工业革命和殖民化的余波，一直延续到漫长的 20 世纪。近 30 年来，我们一直生活在它的最后阶段——或倒数第二个阶段，也即临界阶段。其他民族的悲苦和人道主义的灾难成为我们的冒险家们留下的最后印记。

所谓“新的世界秩序”不再与历史有关。它是一个横向场域，每个人都必须在其中找到自己的标记，即使不愿，他们也被迫去做。由此出发，“新的世界秩序”是一个原教旨主义概念。它是虚空的原教旨主义，但更为激进。今天，根本性的断层带贯穿了伊斯兰世界，而这种根本性的断层带也影响到了每一个所谓的文明、民主的国家——当然，我们每一个人都在劫难逃。

帕蒂：让我们抛弃西方吧！

鲍德里亚：无论如何，我们必须关注西方之外的其他世界。无论是欠发展的社会还是发展中的社会，它们都不再是从前的样子了，因为发展的概念已经失去了效力。恰是由于这些社会无力实现连贯的民主的（经济和政治）原则，它们或许成了事件的后期状态的预兆，在这种情况下，包括我们自己在内的所有社会都将面临精致的理性原则的崩溃（“发达的”社会本身几乎从未实现过这种持续的民主原则，它们所传递给世界其他地区的一直都是这一模式的失败的、漫画化的版本）。然而，这一致命的局面或许是一个机会。从这个意义上说，那些社会处于混乱的困顿中，而我们西方社会则对自己的技术优势感到非常自豪，充满了强烈的正统的进化论色彩，这使得他们除了要把自己的模式打造为世界霸权之外，别无其他想法。其实，这一霸权仅仅是虚拟的——今天，它还雇佣了虚拟技术（与任何其他中介一样，现在的技术是一把双刃剑，虚拟的力量就是力量的虚拟）。

进一步说，这种模式本身就是一种蹩脚货，它气数已尽，成了自我的废墟和影子。或更确切地说，它像是一个失去影子之人，变得透明无遗，遭受自身能量的辐射，被自身的病毒所深度感染。甚至从他们坚持的进化论观点看，这些社会的有利地位也颇受争议，面临危机。他们将见证所有他们已经宣称被禁止了的独特性和反常性的复活，而我们可以看见这一切，就像第三世界社会（它们还将成为我们处境的预兆）在经济和政治上的崩溃一样。甚至那些已经建立起来的最稳固的国家也开始纷纷走向解体（科西嘉、巴斯克地区、伦巴第、俄罗斯、加拿大。一旦威慑的镜子被打碎，世界双重分裂的终结就让位于普遍的播散和碎片化）。未来寄希望于新兴的社会，它们将不再选择走这样一条经济和政治之路，而是会更好地应对技术，卸掉所有这些人道和理性的历史范畴给它们添加的负担，或换句话说，卸掉那些在今天任何情况下都会反其道而行之并暴露其无能的价值。

帕蒂：当您谈到“在当前大多数的冲突中，所涉及的只是一种内在于这一系统的警察式的‘顺势疗法的暴力’[1]”时，我发现这一点很难理解。您如何谈论在伊拉克或前南斯拉夫发生的顺势疗法的暴力？

鲍德里亚：有了这些冲突，我们就不再处于那种以辩证的方式生产历史的历史暴力当中了。占主导地位的是一

---

1 18世纪末，德国医生、药剂师塞缪尔·哈内曼（Samuel Hahnemann）提出了一种新的治疗方法。塞缪尔·哈内曼让一些健康的人服用金鸡纳霜（奎宁），这些人很快出现了发热、脉搏加快、四肢发冷等与疟疾病人相同的症状。哈内曼认为，这些药之所以能够起到治疗效果，是因为它能够产生同样的症状，从而达到“以毒攻毒”的疗效。他将这种“同类治愈同类”的方法称为“顺势疗法”（homeopathy）。这里，帕蒂所谓的“顺势疗法的暴力”是指采用一种“顺势而为”或“以暴易暴”的行为方式。——中译者注

种秩序与和平的绝对模式——如果你愿意这样说的话，这一模式是自我平衡的，而不是顺势疗法的。我们不再希望发动战争，但我们会以遏制一切可能混乱的名义采取行动。美国人把和平空降到波斯尼亚，就像他们把战争空降到伊拉克一样。我们这里所拥有的是一个把战争与和平折叠在一起的模式，正如奥威尔（Orwell）所准确预见的那样，两者之间的界限在今天已变得模糊不清。从实施这一空降的立场来看，无论是否有成千上万人的死亡，其实都不重要。海湾行动的实施没有发生一起死亡：事实上，美国方面就是如此。这是一场从技术和观念上来说都很干净的战争。但这不再是战争。它是发生在和平与战争中的如出一辙的警察式暴力。

帕蒂：无论是历史还是战争，它们都在失去自身的性质。“西方无力对塞尔维亚的侵略行为做出军事上的反应，确切地说，西方发现让任何一个士兵去冒生命危险都是不可取的。”当萨拉热窝遭受轰炸时，您在《解放报》（*Libération*）的专栏中这样写道。或许战争在西欧是没有前途的，但是在东欧不是还将存在下去吗？

鲍德里亚：暴力是一种他者关系。在五角大楼和伊拉克人之间，整个空间被技术所占有，没有为所谓的战争暴力留有任何余地。在波斯尼亚，暴力则是真实、可怕、不明朗的。它不只是两个死对头（frères ennemis）之间的古老争吵，还是一种对世界秩序彻底的反叛形式。战争暴力不只是过去的死灰复燃，它还可能表达一种生命力的涌动，像仇恨一样，是一种在全球范围内对所有领域中的“清洗”的抵制。

帕蒂：说发生而非死灰复燃，不是更准确吗？

鲍德里亚：我完全同意。我们应该在当代激进的背景下观察巴尔干半岛的战争：全球化背景以及由此引发的基于身份的反应。这样看来，国家、语言、宗教情感或身份意义上的恶化，都是一种独特性的反抗形式。它不再以任何普遍性的名义出现，不再寻求自我组织。他们中间的独特性并不相互联系，而是彼此对立。他们没有使命去发现一个具有普遍意义的人类进步。我甚至相信他们是普遍性消失于全球化秩序的产物。每一个共同体都在为例外和独特而战。由此出发，它建立起一系列规则——并且很可能是一套杀人的、破坏性的规则。

帕蒂：公民身份难道不是一种历史目的的形式吗？

鲍德里亚：问题在于要知道是什么为公民身份赋予了形式。普遍性和特殊性之间的新平衡会出现在何处？为那种尊重普遍性的身份赋予了形式的表征系统可能会出现在何处？

帕蒂：为什么您认为全球化时间是唯一可能存在的时间呢？

鲍德里亚：我并不知道它是不是唯一可能的时间，但我看到它来了。它成功地从一种均衡的多元性中创造出一种垄断，所以这些有关公民身份的美妙理念，本可以被在地的个体所分享，但却被劫持，扣为人质。再有，全球化体系熟练地操持着一整套具有普遍意义的多样化语言。这是它的官方语言，也是它背后的运作方式。所有虔诚的公民价值都被彻底清算了。比起这些陈旧的价值观和玄虚的普遍性乌托邦，我更推崇那些在存在主义“行动”中为自己辩护的价值观：“我存在，我是某某，我存在。”也就是说，这是对身份的肯定，不是绝望地承认，而是一种挑战。

帕蒂：但身份不是具有唯一性的吗？

鲍德里亚：确实不是。这些反应是在绝望中寻找一面镜子，从中看到自我的镜像。今天，无论群体、国家，还是个体，人们不再对抗异化，而是对抗被完全剥夺。

帕蒂：当弱小民族为生存而战时，那是一种怎样的剥夺？

鲍德里亚：因为他们几乎总是被谴责。他们处于身份的衰退中。他们不再为提升身份而战，为独立自主而战。他们去战斗，是因为没有了退路，而不是为了荣誉，因为身份是一种脆弱的价值、一种中性的价值。他们只是为了证明他们的存在，或更有甚者，像美洲印第安人一样，只为证明他们不再存在，他们已被屠杀。

帕蒂：我可以接受这种有关身份的说法，但历史并非如此！在《终结的幻觉》第42页，您这样写道：

> [我们]不再创造历史。我们已经与历史妥协，并且像保护濒危的杰作一样保护它。时代变了。今天我们对革命有了一个完全虔诚的“愿景”，这是以《人权法案》为基础的。这甚至不是一个怀旧的愿景，而是一个给人以安慰的后现代知识的循环利用，一个让我们将圣茹斯特[1]排除在《革命词典》（*Dictionnaire de la Révolution*）之外的愿景。“一种夸张的修辞”，弗朗索瓦·傅勒[2]说。他是一位对恐惧和荣耀有过忏悔的完美的历史学家。

1　路易·安托万·莱昂·弗罗莱·德·圣茹斯特（Louis Antoine Léon Florelle de Saint-Just, 1767—1794），法国大革命雅各宾专政时期的领导人之一，罗伯斯皮尔最坚定的盟友。由于圣茹斯特的美貌与冷酷，被称为“恐怖的天使”。——中译者注

2　弗朗索瓦·傅勒（François Furet，1927—1997），法国历史学家。1978年出版《思考法国大革命》一书，该书标志着法国主流革命史学的根本性转向。傅勒的贡献在于揭示了法国大革命与民族国家的历史起源想象之间的关系图景。——中译者注

这一有关革命的虔诚愿景适用于当代的历史意识吗？

鲍德里亚：这一点正在成为我们的共同意识。对法国大革命的清洗，对大革命结束于因恐怖而失败的断言，这种忏悔和回溯性的净化只能是一种修正主义，无出其右。令人难以置信的是，今天所有的一切都是为了秩序的净化。有关事件的沉思、修正和纪念，其目的完全是为了漂白事件。当权者这样做是他们的分内之事，但是知识分子和那些历史上的亲历者去享受这种清洗的特权是可耻的。你知道哪个国家的历史不是惨遭蹂躏的产物吗？历史不仅仅是由历史理性创造出来的。那些不允许自身发生暴力和肆无忌惮的事件的社会，处于一种类似全身僵硬症病人的状态。这些精致的灵魂是如何矫治历史的？我发现历史上的法利赛主义[1]令人深恶痛绝……

帕蒂：您是一个“有担当的知识分子”。

1　法利赛主义是一种古代犹太教派法利赛人的信仰和习俗，尤其强调宗教仪式的严格性、对法律和传统的严格遵守以及对来世的敬畏。——中译者注

鲍德里亚：我更算是一个自由分子吧。所谓有担当的知识分子，他们的政治影响力几乎为零，尽管他们对此事有所反思。历史概念，得到普遍应用是在 19 世纪，它迎合了我们开始脱离历史的那一刻。事情总是如此。那是一个我们开始对现实中已经消失了的现象进行知识化的时刻。与萨特一起，我们想方设法地去维持怀旧情绪，但它毕竟烟消云散了。“有担当”的理论无非是一个绝望的企图，企图重构频临消失的历史。

帕蒂：福柯认为，对当下做出诊断是可能的。

鲍德里亚：诊断不再拥有福柯那样的客观意义。我不相信这类诊断还有可能。今天还可以客观地记录事物吗？我深表怀疑。科学家几乎不再为对象做出诊断——对象无从把握，他们只提供各式各样的假设。我们难道还有可能做得更多吗？我不确信。人们可以像萨特那样运用聪明才智来分析处境，但那只是一种智力满足的层面，而另一层面一直还在，也就是假设层面。按照通用的概念来重新思考历史，这是一个有意思的假设吗？我并不这样认为。

帕蒂：让我们退一步。您不再相信历史是一个合理性的概念，您不再相信历史做出的承诺。但是，正如阿多诺所指出的那样，以它自己的承诺的名义对世界进行批评会怎样呢？您还相信它吗？您还和吉尔·德勒兹一样不再相信“另一个世界，而只相信人和世界的结合，相信爱或生命”[1]吗？

鲍德里亚：如果我们把世界作为我们的发现之物，那么它就不会再拥有历史，充其量只有命运，但是我们怎么会知道它是什么呢？我们怎么会知道是什么在历史的开端处对人类诞生的目的产生了影响，是一个我们可以追溯的、不断上升的人类谱系吗？有所改变的是，赌注已经脱离历史—文化实体而转向了物种层面。物种的命运开始发挥作用。现在，物种规划更难令人相信。在我们这个时代里，甚至有十分之九的人已经外在于历史，外在于与现代俱生俱亡的解释和记录的系统。历史成为西方社会自我特供的一种奢侈品。它成为“它们独有的”历史。历史的消失对

1　参见《电影 2：时间 – 影像》(In *Cinéma 2: L'Image-temps*, 1985)。——原注

我们来说似乎是不幸的，但是它应允了命运，由多种其他文化来接替历史。其他文化从未缺少命运，而西方社会的命运却在消亡。

帕蒂：柏格森（Bergson）不必面对失业和工作危机。有一种社会综合征，就像工作的解体和以工资为基础的社会的解体一样，这些都与前所未有的秩序改变有关。这难道不是一项新的历史—政治任务吗？

鲍德里亚：资本和劳动不是有着同样的命运吗？我们能否把今天的工作描述为生产力和财富的基础？只要劳动是大多数人所经历的异化，那么劳动就有可能被赋予颠覆性角色。人尽其所能地去应对机器。据说它们正在实施异化，人则力争摆脱机器、获得自由。但是，在新的人机交互的逻辑中，我们不再与劳动力打交道。人机互动，劳动主体不复存在，有的只是运作。我们不再处于一个超然的垂直对抗的境地，而是进入了网络运作的水平状况。如今，一个工作者简直就像一具网络难以除掉的僵尸，系统很想摆脱他，但缺乏控制技巧，而受苦的工人也不想失去他们存在的理由。这成了一个悖论。总体而言，工人在当下已不再是破坏的能量，甚至不再是财富的来源：它仅仅是一种身份表征的形式。现代技术，所有的这些高技术设备，不再像麦克卢汉曾经说过的那样是人的延伸，相反，人正在变成物流系统的延伸——然后，还能有什么回归呢？劳动已经没有了真正的定义，他们还能以何种方式衡量自己的劳动呢？劳动力的价格或价值已经丧失，劳动陷入了像信息一样的多重网络之中，甚至无法被真正地估价。它只能成为一种雇佣工作的投机形式，不再是社会契约的一部分，而仅是被引用的经济指标。处于这种状况的不只是工人。萨特式的群体主体也烟消云散了，甚至资本家、工头和战略家也不再处于主体的位置上，更不用说知识分子了，他们正在利用额外的时间……

帕蒂：保罗·维利里奥（Paul Virilo），他比您更像是基督徒，他认为知识分子拥有一份责任，就是要反抗全球化的统治形式。他说，他们处于上个世纪抵制摄影的画家的立场上。以您的方式来说，您不也是一位时刻准备去战斗的抵抗战士吗？

鲍德里亚：我与维利里奥一起工作了很长时间，彼此亲密无间，不存在任何芥蒂。那个时候，我并没有看出他的基督教的面目。令我惊讶的是，他的著作否定了任何道德反抗的可能性。他的关于赛博世界的分析是不妥协、不可动摇的，如果我冒险使用这样一个术语的话，也是致命的。我觉得非常棒，好得很。但是，我不相信他要反对那个世界。我希望他相信那个世界。他把自己置于世界末日的境地，站在反世界末日先知的立场上，同时坚信最坏的情况可能会发生。最终，我们在这一点上分道扬镳。无论如何，我不相信实在论，也不相信世界末日的线性成熟。如果我们可以期待这场意外，那么就要使其沉淀，而不是加以反对。

虚拟本身的到来成为我们的世界末日，对于我们来说，它剥夺了作为一个真实事件的世界末日。这正是我们的矛盾处境，但是我们必须把这一悖论推向极限。维利里奥事实上证明了这一点，同时为自己保留了回旋的余地。

帕蒂：您说“我们必须把这一悖论推向极限”，这话是什么意思？

鲍德里亚：要充分认识到，系统本身的运动是不可逆的，系统逻辑难以摆脱。这一逻辑其实是全球性的，在此意义上，它吸纳了所有的负面因素，包括人道主义的、普遍性的抵制，等等。推到极限就意味着要承认这种不可逆性，把它推到可能性的极限、推到崩溃的边缘，使其达到饱和点，达到系统本身造成事故的程度。思想促成这种加速。思想预示它的终结。这是思想的挑衅功能：对其批判功能或“承诺”不抱幻想，但是付出一切以想象结局。

帕蒂：您为什么如此热衷于不可逆的概念呢？很奇怪。经济全球化并没有不可逆转地导致世界的同质化，也没有阻止我们去重建政治，不是吗？

鲍德里亚：你可以在普遍性的名义下时时处处去抵制全球化。我则更愿意看到在全球化和所有对立的独特性之间直接发生冲突。那种不惜一切代价地维护人道主义的调解，是在这种极端对抗的道路上设置障碍。

帕蒂：您的理论在多大程度上合理地回应了来自全球

化的严峻考验？

鲍德里亚：我不知道。我认为理论必须有所预见。

我们必须认识到这一体系所造成的清除后果。历史是无法挽回的。我认为最好把注意力集中在有关处境的激进的原初性上。由此产生的想法有可能会更具创意。这是忏悔的反面。知识世界的判断往往是忏悔性判断。

帕蒂：您的执着会使维特凯维奇[1]感到高兴！

鲍德里亚：没错，任何历史"进步"都是虚妄的。我们有必要在事件和历史之间做出区分。历史假定了一种连续性、一种解释原则。相反，所发生的事件可能是与历史和政治背道而驰的。1968 年对我来说似乎表明了那样一种非连续性，在这一意义上，它是一个预兆。从此以后，所

1 斯坦尼斯瓦夫·伊格纳齐·维特凯维奇（Stanisław Ignacy Witkiewicz，1885—1939），波兰人，作家、画家、哲学家。波兰先锋派艺术的代表人物，其绝大部分绘画和戏剧作品属于融颓废派与先锋派于一炉的荒诞派，以怪诞的艺术手法表现违反常理的极端事件和恐惧。——中译者注

有的一切都毫无疑问地变成了与政治和历史相左的事件。有人指责我站在体制一边，借口是我描述了这些事情的不良影响。其实并非如此。在我写作的背后……不是希望，而是事件，是不可简化为全球化体系的对合逻辑（logique involutive）的事件。对事件的唯一无效的分析是那种虔诚的分析。每一个激进的分析都表现出惊人的乐观！

第二章 “世界的过剩”

帕蒂： 您在《恶的透明性》（*La Transparence du mal*）一书中这样写道：“我们不再可能为恶说话。我们所能做的就是标举人权。”[1] 追求恶的终结，最终实现铲除恶的目标，正如阿兰·贝桑松所言，这一目标过去曾交付共产主义和纳粹运动去实现，现在它却在损害民主社会！[2] 抑制恶和根除暴力反过来成了民主国家不愿承认的梦寐以求之事。对您来说，“为恶说话”意味着什么？可以这样来指认、命名、辨析恶吗？

鲍德里亚： 把恶作为一个局部现象，非我本意。如果那样的话，你就必须参照某一价值体系。眼下，恶更多的

1 让·鲍德里亚，《恶的透明性》（Jean Baudrillard, *The Transparency of Evil*, trans. James Benedict, London: Verso, 1993, p. 85）。——英译者注

2 参见《伪善：索洛维约夫和奥威尔》（*La Falsification du bien. Soloviev et Orwell*, Paris, Commentaire, Julliard, 1985）。——原注（译按：阿兰·贝桑松 [Alain Besançon，1932—]，法国历史学家，俄国政治和知识史专家。从 20 世纪 50 年代开始反思共产主义运动，研究苏联和俄罗斯历史。）

是一种形式，而不是一种价值。我没有从道德的角度定义它，也没有从不道德的角度定义它。在成为不道德之前，恶首先是一个对抗性原则。我们可以从宗教的视野来保留恶本身的否定、幻觉、破坏之意。从这一点看，恶是一种打破约束的因素。事实上，善存在于善与恶之间明显的对立中，而恶则存在于两者之间的区分的缺失当中。只要善与恶可以相互权衡，辩证地联系在一起，我们就处于善的世界中。恶要么存在于善与恶对立之前，要么存在于善与恶对立之外。或者换一种说法，善是水面上的冰盖部分，十分之九的水下部分是恶。也可以说，两者之间不存在实质性的差异，差异只在于是否可见，是否透明。

帕蒂：我们在《恶的透明性》的第106页上可以读到这样一段话："任何对自身的被诅咒的部分的清除都是在给自身签发死亡令。这是被诅咒的部分的法则。被诅咒的部分的能量和暴力，是恶的原则的一种表达。"只要我们的社会一直在顽固地追求驱逐恶，正如您所说，他们就是在冒险，这就好像一种微生物的"绝地反击所带来的灾难，任何生物在捕获和消除自身的胚胎、细菌、寄生虫或其他生物拮抗剂时，都冒着转移和患癌的风险——换言之，这一威胁来自细胞自身的贪婪本性 [……]”。在巴塔耶（Bataille）的被诅咒的部分与鲍德里亚的被诅咒的部分之间，存在何种实质性差异？

鲍德里亚：在巴塔耶的概念中，被诅咒的部分不能按照习以为常的交换程序进行交换，因此，如果要找到一种功能平衡的形式，那一定就是牺牲。原始社会拥有两种循环、两个层次：一种是常规的交换；一种是牺牲的循环。巴塔耶说后者的耗费是徒劳无益的（尽管并非如此，因为它重新建立了平衡）。有一种神奇的过剩，它来自太阳，或来自爱，这种能量必须被消耗掉。当这种能量不再可能被消耗掉时，这个群体就会处于危险当中。在我们的社会里，问题是我们不再能够为恶说话，我们不再能够在牺牲意义上利用被诅咒的部分，这一部分现在对应这样一个事实，即太多的生产、太多的符号、太多的货品、太多的财富——或许还有太多的个体。在此意义上，巴塔耶是一个功能主义者：一旦进入牺牲的循环，被诅咒的部分就会允许社会再生产自身，并使其延续下去。这引发了最粗俗的解释。有人认为，消费社会里的浪费等同于夸富宴，任何缺乏经济合理性的东西都会被当成被诅咒的部分。无意识可能被视为人类灵魂中被诅咒的部分，诸如此类。我更倾向于坚持认为，被诅咒的部分对于恶和反常是至关重要的。

帕蒂：当您说有“太多的财富”时，这是否意味着在您的系统里没有为保罗·利科（Paul Ricoeur）关注的伦理留下空间？不是还有太多儿童死于饥饿，还有太多穷人存在吗？

鲍德里亚：问题是要确定关注的伦理是否对苦难毫无助益，只会使苦难加剧——就像在尼采式的怀疑时代里每一种道德价值所做的那样。我们只谈论贫困和苦难，国际社会假装动员一番，但消除苦难自有其道。我们在不知不觉中受到诅咒，参与了一个集体遮蔽苦难的过程，但这并非我们有意为之。事实上，我们社会的发展正在转向一种任何人都无法控制的全球失序和赘物充斥的形式。在这种过度的物质生产的文化中，我们已经走到了极限，但这还不足以使其成为“被诅咒的部分”。所有这种无限度的增加都不会导向牺牲，而仅是一种浪费。要想成为牺牲，事物必须屈从于恶，深陷苦难还远远不够。我们必须要接受不人道，接受今天我们根本不愿接受或承认的不人道的形式——如果我们不去消除人道与非人道之间的这种必要联系，就不会完全丧失人性。如今，我们看见这么多善良的灵魂自诩为苦难的先知，但却无人为恶说话。现在，唯有去除苦难才能使人道以一种动人而神秘的方式呈现自身。有关人道的观念只可能来自别处，而不是来自其观念本身。唯有不人道能够证明这一点。当人道试图通过排斥不人道来定义自身时，这就变成了一种嘲弄。当人道渴望在人道主义和人道主义行动中建立自身的概念时，人道就在暴力和荒谬中超越了自我。思想只存活在人道的边缘，存在于渐近不人道的极限——人道讽刺性地藏匿在不人道的背后——与此相对，不人道讽刺性地透过人道向外窥探，如同客体讽刺性地透过主体向外窥探一样。恶是透明的。[1]

1　“恶的透明性”以及与之相关的术语，似乎仍然令人疑惑。我最近甚至还看到有人把“透明性”（transparaître）翻译为“泄露”（transpire），这显然会让人感到困扰。（转下页）

至于这种对恶(mal)的捍卫和阐发，与苦难(malheur)相反，人们立即受到那种不负责任、保守、虚无的指责。现在，谈论恶仅仅是假设性地认为，其原则正在当下付诸实施，没有人了解这一点，但又都身在其中。说恶是透明的，就是要谴责所有对被诅咒的部分以及对恶的明证的否定，谴责对不人道的否定。

帕蒂：问题在于，这一法则取决于如下理念，即恶的原则与其能量共存。您曾以纽约为例，把它作为一个非否定性生存的原型、一种充满活力的生存法则的模式，那

(接上页)因为鲍德里亚只是在"展露"这样的日常之义的层面上使用"透明性"一词(罗伯特：向旅行者更清晰地展示某物；"泄露"，一个过时的英语对应词似乎在17世纪就已经不再使用了)。尽管引入"泄露"这一不相关的概念在上下文中并不特别具有误导性，但是我们没有必要引入一个完全不同的隐喻。

正如鲍德里亚本人曾在一次公开访谈中承认，这些问题无疑源于他使用"透明"(transparence)这一名词来表达通常被称为"泄露"(transparition)的东西。安德鲁·韦尼克(Andrew Wernick)在一篇有关《恶的透明性》的精彩评论中(发表在互联网杂志《C理论》[*CTheory*]上)论及此处时表示"泄露"(transparition)是"一个不可能的术语"，但应该注意的是，这个术语的"不可能"只存在于英语中——至少在《牛津英语词典》(*OED*)中没有这个词。

对于这个棘手的问题，我自己的解决方案是使用不同寻常的英语变体"transparence"。虽然这个词有点怪，但它的优点在于，在过去的英语中它有展露的意思(比如"人们可以通过倾向的展露[transparence]察觉动机"。参见R. W. 汉密尔顿，《大众教育》[R. W. Hamilton, *Popular Education*, second edition, London 1845])。——英译者注

里的每一个人，从瘾君子到金色男孩[1]，都是这座城市的整体生存的一部分。既然我们在这里谈论的不是一种正能量——因为在您的概念里真正的能量来自分解——这是否意味着这一发展和被诅咒的部分的增长是不可逆的呢？

鲍德里亚：我们说，这一增长和耗费的不可逆性本身可以被称为恶。指数本身像一种咒语、一种致命性，或更进一步说，是一种对被诅咒的部分和命运的戏仿。因为发生在我们身上的无情之事并不致命，更确切地说，全球化带给我们的东西可以被命名为“病毒”，一种平庸的产物。全球化是世界的自动实现，是世界的自动书写。“致命”则相反，它是系统吞噬自身——通过不可逆性，造成事情的整体逆转。致命——因此也是幸运——是系统对自身的幻觉。在此意义上，致命是使世界得以完善这一事业的对立面。伴随着不可抗拒的善的进步，伴随着一个消除了死亡和否定的世界，世界凭借自动化和技术化成为一个可操控的世界。

1　这里大概是指生活在 20 世纪六七十年代的美国的一些名人，他们都有“金色男孩”的昵称。比如演员威廉·霍尔顿（William Holden，1918—1981）、足球运动员保罗·霍尔农（Paul Hornung，1935—）等。——中译者注

帕蒂：让我们以您提到过的修正主义和否定主义为例。关于这两个怪物，您还有什么更多要说的吗？

鲍德里亚：灭绝从未发生过，这一想法显然是不可接受的，但是支配了当下思考的相反的观点——否定主义是不道德的——也是一个错误。当然，否定主义者的历史观是错误的，因为他们想要建立一种不同的历史真相，但是他们的主张作为一种事实的言说是需要加以解读的。这一主张之所以可能，仅仅是因为在我们生活的现实里大屠杀这一历史时间已经不复存在，而且不可能在活生生的记忆里复活，因为我们不再处于同一个时代了。比声称大屠杀不存在的行为更糟糕的是，必须证明大屠杀是一个事实，必须捍卫它作为一种道德真相的存在，如果不是作为一种意识形态的和政治的真相存在的话。

帕蒂：克洛德·朗兹曼[1]一直在努力呈现这样一个灭绝的过程。您既说过“奥斯维辛和灭绝”是不可饶恕的，

1 克洛德·朗兹曼（Claude Lanzmann, 1925—2018），法国导演。其著名作品是反映犹太人大屠杀的纪录片《浩劫》（*Shoah*）。——中译者注

也说过奥斯维辛不再是我们当下的一部分。这不是矛盾的吗？

鲍德里亚：奥斯维辛可以被重新激活，根据档案被重新建构，做成一件博物馆的作品，作为我们非现场的消费展示，在此，所有的东西都进入了实时的瞬间，融入了这一瞬间。这就是我们的宿命。在这个范围内，弗里松[1]的主张可以被推进一步，至少这个主张的可能性条件在今天是存在的。由于有关过去事件的定义在不断变化，这就引出了一个问题。当你这样说的时候，人们会指责你选边站、偏袒恶。在以善为基础的主流思想的视域中，一个人不该为恶辩护，不该成为背信弃义之徒和骗子。然而，千真万确的是，就像其他很多事情一样，记忆已经被实时的结构所废除，而以历史道德的名义来抨击这一点毫无用处。

1　罗伯特·弗里松（Robert Faurisson，1929—2018），英裔法国学者，大屠杀的否定者。他曾在《历史评论杂志》上发表过一系列文章，尤其是在《世界报》上发表过的一些信件，否定纳粹集中营存在毒气室，否认第二次世界大战期间犹太人被有计划地屠杀，否认《安妮日记》的真实性。——中译者注

帕蒂：让我们继续这个话题。在《恶的透明性》第90页，我们可以读到以下段落：

> 正是因为当下我们在政治和历史中消失了（这就是我们的问题之所在），我们才会试图去证明我们在1940年和1945年之间，在奥斯维辛或广岛死掉了——这至少构成了一段不容忽视的历史。我们像亚美尼亚人一样，他们尽一切努力想要证明他们曾在1917年遭到屠杀——这种证明是无法实现的，也是无用的，但在某种意义上又是至关重要的。正是因为哲学在今天也已经消失了（这就是它的问题之所在，如果事情已经消失了，它还怎么可能存在呢？），它才要去证明它确实与海德格尔达成了妥协，或者被奥斯维辛弄成了失语症。

在后面这一点上，我与您的想法有些许差异，但是我们就不去谈它了。我想请您澄清一下您有关消失的观点。是因为我们一直生活在“实时”的日子里，在它的管制下有了这样的消失？还是因为实时就是我们的宿命？

鲍德里亚：实时是我们今天的毁灭模式。一切都在劫难逃。它并不血腥，但是一种非人道的形式。最终解决方案在奥斯维辛，但也在电影《大屠杀》（*Holocauste*）中的奥斯维辛，《大屠杀》追寻记忆，给人以记忆的幻觉。当你以忏悔和道德良知之心看待创伤性事件时，你是在以某种方式容忍它，并从中吸纳破坏性能量。广岛就是这样的。曾经举办过一个展览，展出了这座城市在原子弹爆炸前的照片、被毁灭时的照片以及今天它是什么样子的照片。现在的广岛确实是一座再生的城市，但是这一新广岛也还是它曾被夷为平地的一部分。创伤性事件已被修饰过了。所有的档案都是修饰的手段。这一事件彻底远离了我们，这就是我们可以记住它的最佳方式。这是一种致命的形式。但是，我们有谁要为它负责吗？我们都是它的参与者。

帕蒂：对您来说，这一实时的确切内容到底是什么呢？

鲍德里亚：假如要给这个矛盾的表达赋予意义（因为实时废除了时间的每一个真实维度），它就是一种使一切得以瞬间呈现的可能。这是一种即时实现、全球传播、远距离行动的时间。它废除了任何现在—过去—将来的序列以及由此引发的结果。实时是第四维度，其中所有其他维度都被废除了。将来被吸收了，因为它已经在实时里发生过了，所以它不再需要发生的时间。至于过去，它也不需要时间再重演一次。现在只是一件屏幕的礼物。所以，实时是第四维的，是一个虚拟维度，以替代真实，它是绝对意义上的真实的实现。因此，不会再有真实出现的可能，因为有的只是一种虚拟的先在，就像模式和仿像的先在一样。从根本上说，真实处于一种不稳定的状态。毫无疑问，它一直是不稳定的，两个世纪以来它受益于一种有利的连接，即一直存在着相同的原因产生相同的结果的可能性。而如今所有这一切都遭到解构。原因和结果之间的关系变得模糊不清，甚至发生逆转。在初始条件与最终条件之间，我们不再知道会发生什么。实时有点像这样的情形：在未来与过去、主体与客体的两极之间的碰撞，在问与答之间的碰撞。它们彼此融合，从而被抹平。它不仅在科学上，而且在我们存在的一般秩序中成为一种不可逾越的现实。

帕蒂：那么，您承认写作也许是抵制实时的形式之一吗？

鲍德里亚：无论如何，没有什么比他们在屏幕或电脑上实时操作更违背思想和写作的了。写作取决于屏幕和文本、图像和文本之间的严格区分。它需要一种凝视、一段距离。即便使用打字机，我仍可以看见纸张。我与写作之间保持一种物理关系。然而在屏幕上，即使你在处理文本，你也处于视觉中（它甚至不是一个感官的图像，而是一种思想和写作的虚拟现实）。你沉浸在一种互动甚至交感的关系中。其实，写作从未是一种互动。它不仅是对实时的抵抗，而且还是另外的东西：一个奇点。我不会像维利里奥那样说，它是一种抵抗，是对传统世界和慢节奏的守护。而更想说，它是一个奇点的形式、一种不合时宜之物。它是另一种游戏，从某种意义上说，它是另一种对抗世界的发明。它并不是为了捍卫一个本该存在的世界，捍卫书籍、意义以及作为价值的文化。写作更具有某种冒犯性，它在一个不再有任何事件的世界里构造事件，因为这个世界里的一切都已处于按部就班的状态。写作不是一种抵抗行为，而是一种不可简化为循规蹈矩的行为。其他东西也落入这一范畴。

帕蒂：您提及另一世界的发明，难道这一世界并没有彻底消失吗？

鲍德里亚：我想说，像兰波（Rimbaud）一样，我们已经不属于这个世界了。随着一个平行的虚拟世界取代了我们自己的世界，我们不再生活于此。在这一世界里生活已成奢望。仅说“我存在”并不严肃。存于世并不是指现身于世，也不是认同自我。存于世扮演的是同谋、缺场、幻觉、与这一世界拉开距离的角色。

帕蒂：您对语言游戏的兴趣似乎与日俱增……

鲍德里亚：事实上，这不是一个你可以使用和滥用的熟悉的形式，而是一个不得不被诱惑的另类之物。没有什么可以借此逃离。你必须给它惊喜，并让它给你惊喜。

帕蒂：那么，您承认“恢复说话”是可能的。我不明白的是，普里莫·莱维[1]、罗伯特·安泰尔姆[2]所创作的集中营文学，其伟大之处在于发掘出了那些失踪者的痛苦，并让幸存者将他们的痛苦传达给我们，您为什么否定这种可能性呢？

鲍德里亚：我并没有否定任何人、任何事。有一些叙事没有进入我们刚才一直在谈论的粉饰过程。它们是事件的有机部分，还呈现着事件的痕迹。我只是说，我们所生活的世界变成了一个有必要证明到底发生了什么的世界，这是自相矛盾的。不幸的是，证明变得越来越不可能。人们发现事实是无法令人接受的，必须加以解释。我们被抛入了一个不再允许我们重新获取事物的客观性和历史性的系统当中。情况就是这样。如果有什么事情要做的话，那一定不是拒绝否定主义，不是用良知将它驱离。

1　普里莫·莱维（Primo Levi，1919—1987），犹太裔意大利化学家、小说家，纳粹大屠杀的幸存者，曾被捕并关押在奥斯维辛集中营长达 11 个月。——中译者注

2　罗伯特·安泰尔姆（Robert Antelme，1917—1990），法国作家。第二次世界大战期间，1944 年 1 月，安泰尔姆因参加抵抗运动被逮捕，并被驱逐出境。——中译者注

帕蒂：当然，如果没有记者提到加洛蒂的那本由鼹鼠出版社出版的书[1]，该书或许就不会被读到。您对此有何看法？

鲍德里亚：我们不得不质疑所有媒体在这件事上所扮演的角色。它们并不是以意识形态的方式而是以功能的方式行事。它们的功能模式——就像我们所说的，是实时的——倾向于宣传这种记忆的非在场性。他们在做分内之事。如果媒体没有提及加罗蒂，到底会发生什么，这样的问题涉及魔法的思维方式。媒体会说，这就是它们的目的。它们传播病毒。它们就是病毒。这意味着它们是在借助灾难、事故、暴力等诸如此类的事情焕发出一种超级魅力。这就是最棒的黑色幽默表演。

所有的虚拟技术都传播不确定性。但是，到底是虚拟技术传播了不确定性，还是我们的不确定性世界制造了

1 罗杰·加洛蒂，《以色列政策的神话基础》（Roger Garaudy, *Les mythes fondateurs de la politique israélienne*, Paris: La Vieille Taupe, 1995）。1998 年 2 月 27 日，加洛蒂因出版此书被罚款 2.4 万法郎。——英译者注（译按：罗杰·加洛蒂 [1913—2012]，法国哲学家，一度是法国抵抗战士和共产主义作家。1982 年转信伊斯兰教，成为大屠杀的否定者。）

虚拟技术？这一点无法确认！媒体也如出一辙。它们不承担责任，它们在传播逃避责任，这是我们今天集体整合的模式。观众并非有意决定去看电视，他们这样做是受到吸引，陶醉其中。每个人都是传播链条上的一个中间点，或者处于新闻和消息的默比乌斯带上。我认为，所有这些虚拟机制并没有把信息、知识或真诚结合起来，作为它的真实维度，而是把这一切引入了消失。新技术所带给我们的只是各种类型的图像，你沉浸在修正它们的可能性当中。怎么会有人认为你可以输入一个视频图像来制作你想要的东西，并且仍然会有事实、活动或价值来抵制这种电子沉浸呢？所有的东西都会进入一个剥夺了真实感觉的屏幕和网络的空间。

帕蒂：您说过，我们已经不在一个可以证明什么的世界里了，然而与此同时，我们却要花时间去分清责任、寻找责任人。血液受污染的事件就是这方面的一个例证……

鲍德里亚：这是一种网络式反应，从一点到另一点，无法停下来，就像病毒一样。你既无法“冻结”图像，又无法“冻结”责任。一切都在循环中，要想透过行为识别演员是不可能的。你会竭尽全力去寻找固有的关联、前因后果，但总体而言，不会再有任何对等的规律或模式。现在，责任是一种道德标准的对等和交换模式，这是我们今天一直在寻找的伦理模式之一。坦白地讲，这是一项毫无希望的事业，但这正是问题的关键所在：越是绝望，越是离不开伦理机制。

帕蒂：观念与现实之间的愉快结合不再是您写作的应有之义，我们如何才能避免怀疑您是虚无主义者呢？在您与现实的幻象斗争时，您不怕退回到价值相对主义以及把您对消失的渴望变为现实本身吗？

鲍德里亚：我想不会这样。我对现实的幻象的挑战是适度的，根本不存在任何有关价值差异或价值相对主义的问题。倒是存在一种对现实的挑战：如果你把自己置于极端的界限处、置于极端现象的层次上，思想就会改变。在那样的层次上，还会有思想吗？答案并不确切。如果思想是一种挑战，那么它就有责任去做实验。我所做的更多算是一种思想的实验，尝试借助其他规则去探索未知的领域。在这一意义上，它并不意味着“虚无主义”。虚无主义是指不再有任何价值，不再有任何现实，有的只是迹象：对虚无主义和虚假的指控总是与这一点有关。但是，如果你在极端的意义上理解虚无主义的话，那么这就是一种以无为为根基的思维、一种从“为什么无胜于有？”这样的公理出发的思考——它颠倒了哲学的基本问题，即存在的问题：“为什么有胜于无？”——如果是那样的话，我倒不介意被称为虚无主义者。

我假设世界是这样存在的，你可以把它看作真实的和可理解的，这是它自身具有的内在特性，不然的话，总的来说，这个世界是没有一般等价物的，因此我们也无从理解它，无法对它做出客观评价。它不可能与别的东西进行交换。这是一种不可能交换的秩序。这是世界的基本的不确定性原则。比如，如果我考虑经济，我无法否认存在一种现实的经济原则、一种经济交换的结构，但总的来说，经济无法与任何事物进行交换。经济领域本身没有等价物。在这一意义上，严格地说，激进思想认为它是不可理解的。激进思想并不是要消灭真实——怎么可能呢？它只是使其远离游戏、远离等价。辩证思想和批判性思想构成交换领域的一部分——可能还包括市场交换——激进思想使自身处于不可能交换的地带，这一地带缺少等价物，无从理解，难以判断。

帕蒂：我很清楚您关心的是让真实与理性脱钩。这是一种对哲学嗤之以鼻的态度。哲学总是试图把存在与思想统一起来。但是，您不是反过来又回到科学和哲学统一的虚构中了吗？您的激进思想究竟定位在哪里：是与科学和哲学相伴、对立，还是跟随？

鲍德里亚：在他处，但就在终结之前。也就是说，在临界阶段。令人感兴趣的时刻是临界的时刻，这不是最后的时刻，而是将要终结前的时刻。临界的思考紧邻着最后的位置，在没有什么更多可说的终点之前。这不是科学的，因为作为交换系统、信息系统、存储系统的科学声称会提供最终和客观的意义。现在，如果没有给这个世界的概莫能外的再现赋予意义，那么就不会有科学，无论科学是否是整个故事的关键所在。人文科学也同样如此。事实是，像经济学或历史学之类的学科，以及通常意义上的所有的科学，都把拥有一种内在的可理解性原则作为它们假设的功能，但毫无例外的是，这也意味着它们会不断受到不确定性的困扰。这种不可理解性会在最后的阶段影响到它们的内部功能。所谓的严谨的科学无法逃避这一点，因为它们也处于这种主体和客体之间的不确定性的边缘。

帕蒂：您写道："没有人再相信真实，也没有人再相信他们自己生活的证明。"这是一个很不错的判断！这对让·鲍德里亚来说是一个好消息，不是吗？

鲍德里亚：从斯多葛派的观点来看，希望把信念添加到事件的客观性上确实是徒劳的，这过于激进。信念是一种弱价值。我假设，在我们借此虚构真实并赋予其意义的信念体系的背后，每个人都怀有一种激进的经验主义（这不是一个智力或意识的问题），这意味着根本没有人会相信这一有关现实的想法。每个人都拥有一个激进的门槛，这个门槛使他们能够把握在自己的意识形态和信念之外的世界。不再为欲望增加欲望的痛苦，不再为信念增加信念的痛苦，不再为希望增加希望。所有这些价值都使我们远离思想。斯多葛派了解这一点。重要的是要从这些覆盖中寻找距离和自由，尝试清除这种主观的或集体的意识形态的扩散。

帕蒂：这让我想起拉吕埃勒在《俗人传》中的一句话[1]。他说，重要的不是掌握（begreifen）这个世界，而是要知道如何以一种斯多葛式的冷漠拒绝这个世界。

鲍德里亚：是的，清除思想对象周围的粉饰，就像人们在物质对象周围所做的那样，不让它预先存在，也不给予它解释。在某个时间点上，你可以借助表象来把握对象或世界，而不是借助已经在思想图像中修饰过的世界之物来把握世界，该时间点就在它尘埃落定之前，在它“走向终结”之前（再次是临界的时刻）。

帕蒂：您认为思想处于什么地位？

1　弗朗索瓦·拉吕埃勒，《俗人传》（François Laruelle, *Une Biographie de l'homme ordinaire*, Paris: Aubier, 1985）。——英译者注

鲍德里亚：一方面，你可以设想它具有调节作用，一定意义上它缓解了有关世界的幻觉。可以这样说，通过在我们周围创建一个合理的机制、一个物种能够在其中反观自身想象空间，它给了我们某种生活的依靠。也因此，它将拥有一个积极的镜像功能，有助于呈现这个世界的状况，也就是说，带来越来越多的合理性和越来越小的熵。这就是一个理想的、唯心的愿景。或者，这也是一个挑战，一个使现实落入其中的陷阱，一种使通往终点之路更加顺畅、可以迅速实现最终目标的方式，以及一种超越它的方式，不管最终目标为何。不过，更多的是一种灾难的形式、一个显现和消失的游戏，它把世界看成幻觉，或假设世界在某种程度上已经消失了。因此，在这一理性体系的核心之处，针对这一世界的极端合理化、这一世界积淀的趋于终结的灾难形式，它开始秘密运作。思想在这里发挥了颇具讽刺意味的作用。它被呈现为一种积极的策略、一个合理的因素，但毫无疑问，它总是扮演双重角色。或许，它就是一种细菌、病毒的形式，在系统内部不断繁衍，并且由于系统的扩张，它从内部破坏了系统的稳定。这是一个有关当前形势的更加有趣的版本。

帕蒂：正如德勒兹可能会说的那样，我对您的思想形象看得更清楚一些了。您说过思想把极端的不确定性作为参考，而不再以真理作为地平线。我特别想知道，在您给出有关这一主题的若干例子之前，您认为真实是一种什么状态。您喜欢说，我们深陷其中的虚拟不再创造真实。我把这个问题转过来，请您扪心自问：您创造真实吗？

鲍德里亚：当然，我是那些凭借话语使用进行反思性思考的同路人，所以我也在玩着双重游戏。德勒兹说我们制造概念。确实如此。人们并不创造解释的模式或真相，而是创造一种视觉形式、一种风格，以便观看和读解。思想发挥作用，我们让它发挥作用。但我想知道，那种思想的反终极目的性对我们来说是否不起作用。当你思考的时候，恶的原则很可能以一种近乎神秘的方式在背后施加影响，这是一个魔力的维度。在这个过程中，或许无意识的行为者比思维多样的行为者更加活跃。如果思想是一种功能，那么它确实是矛盾的，我甚至可以说，是对抗性的。在这一点上，某物逃离了我们。它既是灰白质，又是暗物质。有某种模糊之物潜入了整个哲学，带来了激进和沉默的幻灭，它不再允许理性思想去保持一种超验、希望、理想。所有这一切自有其根源，这不是一个通过回溯性地否定它们的问题，而是他物已经发生。现在，思想首鼠两端，令人不安。

帕蒂：思想具有两面性。这是否意味着它既有可能被说成是扼杀了真实，又有可能被证明是反对这种扼杀呢？

鲍德里亚：是的。它是凶器。即使它正在消失，真实仍是一个谜。为什么真实存在？或者，为什么真实不存在？自从物质和反物质的对称被打破，这样的哲学问题就开始了：为什么是有而不是无？除了物质世界拥有特权之外，被我们所遗忘的这一难以捉摸的东西又回到了我们的梦里，于是问题变成了——正如我说过的那样——为什么无胜于有？这是一个反哲学的问题还是哲学问题的最终形式？哲学的版本是："存在是有，不存在是无"；它不存在。恶不存在。这是神学、哲学的视野。恶不在，恶不真。在我眼里，现在是反其道将成真。正是此物成了一个问题。人们想知道，某物何以一直渴望存在，却很少有机会自我表达。这是一个谜！今天，真实正消失在对它的解释的暴力之下，并且让位给对虚空、对真实本身的状态的质疑。有了波动力学和量子物理学，我们的宇宙不再遵守不变的规律。不再有任何真正的规律，我们发现自身面对着一个确定的不确定性。问题在于，在这种不确定性的核心处，规律如何才能呈现，真实的影响如何才能呈现。这就是问题的症结所在。它不是成问题的无——另一种真实，另一种合理性，而是真实本身。

第三章 伟大的游戏

帕蒂：在您的《象征交换与死亡》（*L'Échange symbolique et la mort*）一书中，有很多对老年、死亡以及所谓的死亡文化的讨论。您把这种文化与资本的法则联系起来，写道：

> 如果资本以及马克思主义的批判不复存在，那是因为价值规律已经进入了各种形式的生存的自我管理当中。如果墓地不复存在，那是因为现代城市作为一个整体已经接管了这一功能。它们成了濒死之城和死亡之城。如果高效运转的都市是整个文化的完成形式，那么很简单，我们的文化就是死亡的文化。

今天您还会这样写吗？

鲍德里亚：在《象征交换与死亡》里，死亡是一种生死可逆的修辞，象征的存在始终是一个事物之可逆性的标志。死亡文化是一条不归路、一种真正的死亡，而象征意义上的死亡则完全不同。这里的含混之处很难消除。一些术语自我缠绕，有时生发出否定的、灾难性的气氛，而实际上却是倒置的修辞。今天我们要谈论的与其说是死亡，不如说是灭绝。这不一定是一种暴力的、实体的灭绝，而是一个光谱的、虚拟的世界的降临，一种去生命化的、切除了脑叶的形式。所以，我们不把死亡说成谋杀或命运，我们更多谈论命运的缺失。我们不再生活在死亡的地平线上——象征性的谋杀的地平线上，它会带给我们一种神奇的能量。我们生活在一个缓慢的、地方性的、病毒消除的环境当中。可以说我们身处一个排斥的、丧失了死亡赎回权的社会。这是一种致命的状态。

帕蒂：在《象征交换与死亡》中——如果我可以大胆地说的话——您还是一个社会学家。其中有些部分并没有远离菲利普·阿里耶思[1]有关同一主题的写作。现在看起

1　菲利普·阿里耶思（Philippe Ariès，1914—1984），法国历史学家。1977 年出版《面对死亡的人》一书，该书对西方死亡学的建立具有开创作用，展现了西方从中世纪早期到 20 世纪 70 年代人们对死亡的态度的历史。阿里耶思的这一著作奠定了一整套对死亡观的话语解释系统，为后世的研究提供了阐释、修正和取舍的基础。——中译者注

来，您对已经社会学完全不感兴趣了。

鲍德里亚：不，我从来都不是那种意义上的社会学家。我很早就摆脱了有关体制、律法、社会结构的社会学，摆脱了那些基于社会想象和社会超越的观念的社会学方法。不如这样说，我所研究的对象是已经失去了超越性的社会，在那里，社会、有关社会的理念萎缩了。因此，有了大众的概念，有了沉默的大多数的概念。大众不再是一个社会学概念，而是一种无形的能动性、一种沉默的潜能或反-潜能、一种无从定义的反社会物质。

某种意义上，我更喜欢人类学而不是社会学。在我看来，人类学似乎比社会学更远离这种社会实在论[1]，更接近物种的蜕变，这是一种比社会性更剧烈、更致命的形式。

其实，我所反对的就是社会学中的实在论，它只把社

1　所谓的“社会实在论”，是指一种把社会实在最终归结为作为统一体的社会而不是分散、单独的个人的理论。社会实在论认为，社会固然是由个人组成的，但当他们组成为社会后便产生了一种超越个体总和的性质。社会往往先于个体而存在，比个体的生命更持久，并影响和塑造着个体。一切社会事实，诸如语言、道德、宗教、习俗、风尚、思维范畴，都不是纯粹的个体活动所能产生的，而是集体的产物。当代很多学者认为，马克思和 L. 龚普洛维奇（L. Gumplowicz）的理论已经带有社会实在论的倾向，涂尔干（Émile Durkheim）对这种观点进行了系统的阐述。——中译者注

会当作社会，从来不去设想在某一特定时刻社会可能是一个机遇、一个梦想、一个乌托邦、一个矛盾——简言之，超出社会之物。它们仿佛被赋予了社会维度。这就是我所说的根深蒂固的卢梭主义。没有什么比人是社会存在更不确定的了；人不再是社会存在的可能性也要纳入考虑。人类学也可能是卢梭主义的，确实在起源问题上，人类学甚至更加卢梭主义化，但是它更接近获取视野中的对象。一些人类学家最终下决心选择离开他们发现的原始部落，因为担心这些原始部落遭到破坏以致解体，他们宁愿放弃一个遥不可及的对象、一个永远无法接近的对象，因为它们会被知识本身所湮没。一个更有意味、更为原始的场景，在某种程度上，是与对象自身的原初性联系在一起的。与社会学相比，人类学更接近于对象的原初状态，它使那种无可辩驳的、不证自明的社会存在变成为一种假设。由社会存在证明社会的合理性，不幸的是这样一种同义反复巩固了我们今天所有人文科学的基础。

帕蒂：如果社会学不再考虑您提出的死亡赎回权的丧失，那么它还会剩下什么呢？这让人想起乔兰的《历史与乌托邦》中的一段话，那段话捍卫狂热主义，批评自由民主的软弱[1]。在谈到俄罗斯世界时，他这样写道：斯拉夫国家，以他们高贵的盲视，成为世界上绝无仅有的相信西方命运的国家。在概述所谓的“充满活力的地域”前，他补充道：“所有这些巴尔干社会都有一种生物学基础，这在西方是无法找到的。”当您说我们已经再也无法赎回死亡、已经耗尽了必不可少的资源时，您难道不是最终遗憾地看到了这种原始主义、这些充满活力的地域、这种本能的程度在消退吗？您的反现代主义不是一种对所谓的西方的颓废的反抗吗？

鲍德里亚：确实存在某种幻灭的氛围。话虽如此，西方那颓废的观念是其文化语言的一部分。西方总是乐于想象自己的死亡。我不想去锁定某种西方的对应物。我毫不怀疑有其他的选择，但它不在现实中，它首先是形而上学的，存在于形式中。你可能会发现它贯穿东方社会，或者

1　E. M. 乔兰，《历史与乌托邦》（E. M. Cioran, *Histoire et utopie*, Paris: Gallimard, 1987）。——英译者注（译按：E. M. 乔兰 [1911—1995]，罗马尼亚裔旅法哲学家，20 世纪著名的怀疑论、虚无主义代表人物之一，以悲观哲学而闻名。）

非洲和拉丁美洲社会。对我们西方人来说，问题不在于选择，而在于我们失去了他异性，所有那些模仿我们的人也正在失去他异性。我们已经丧失了他异性和死亡。与乔兰不同，我并不认为一个至关重要的绝对之梦将把它们带回到我们身边。俄国人以他异性对抗西方，并不是出于生命的本能，而仅是因为俄罗斯人的死亡文化比我们的要强大得多，也更加致命。

帕蒂：我想把这一说法与您最近在蓬皮杜中心谈到的关于时代精神的说法联系起来。“生命不再生成。”您说。这里指的是让·罗思丹[1]。您如何理解这样的熵以及如此耗尽的生命力？

鲍德里亚：我对此不甚了解！我很喜欢罗思丹的想法，但只是作为一个假设。从你出现在已被铸就的世界里的那一刻起，你就会发现自己处于熵形式的无限组合中。随着物质与反物质分离的实现，以及反物质永难捉摸，我

---

1 让·罗思丹（Jean Rostand，1894—1977），法国生物学家、哲学家。——中译者注

们进入了一个有限的物质世界，在这一意义上，物质不再被创造。虽然这一世界的复杂性是无限的，注定是熵的，但是它与反物质相分离，使其成为有限之物。同样，任何既定的系统，如果它设法限定自身，排除所有激进的其他因素，那么它也就开始吞噬自身了。这适用于所有的组织、所有的机制，总的来说，这既适用于具有生物意义的量，又适用于具有标识意义的质，还适用于语言。任何试图为自身运作设定明确假设的事物，都开始奔向完结。任何趋于自我完成、实现自身存在的事物，都是一种死亡的升华。

帕蒂：1976 年，您还谈过现代理性。今天，您倾向于仅谈思想了。您刚才说，西方思想曾经玷污了这个世界，是它让我们吞噬和耗尽了自身。难道我们不应该质疑这一思想的地位吗？尽管存在这种威胁性的熵，但是实施一场思想的哥白尼革命，脱掉紧身衣，难道是不可能的吗？有些思想家，像弗朗索瓦·拉吕埃勒，正在设法做这件事。在您看来，哪种形态最适合您的哲学目标？

鲍德里亚：这是一个基本问题。毫无疑问，这与建立在理性秩序上的思维不同，与一种基于描述、限制和定义的思维不同。那是在寻找一种平衡、一种辩证法，试图解释这个世界。原则上，它可以与改变这一世界的梦想进行交换，这是一个它倾注心力的世界。在我看来，这种思维似乎注定要落入它自身的陷阱。它总是以拟真告终，问题的关键在于："符号指向意义吗？或者说，它仅仅是一种自我参照、一种作为符号的符号提升？"拟真和虚拟是一种拓展，算不上哥白尼革命，如你所说，这种思维设法生产了这一可理解世界的幻觉。我们必须摒弃那种根基性思维，去关注那些前中心的、离心的东西。如果从这个角度看，那么就不再是我们思考世界，而是世界思考我们。这一世界恢复了形式的变换，其中思想本身进入了一种不再属于自己的动力。如果这是一种加速或惰性之力，那么我们就不再确切地知道它在其中扮演什么角色。我们成为思想的对象，而思想的对象不再属于我们，不再属于主体的思想。我想要做的是探究这样一种离心的思想、一种超出其目标的极端偏离的思想。它是否在某种意义上与另一类的思想（包括科学思想、科学实验）联系在一起？它是否遭遇了一种激进的不确定的形式？我不知道。比方说，我们构造了一个双重世界，它代替了世界本身。我们制造了这个世界和它的副本之间的混乱。

帕蒂：您所说的世界的诸种形式是指什么呢？

鲍德里亚：它是一种可逆性和关联性的象征循环，一种星座意义上的象征循环，就像世界的原始表象一样，在那里动物、植物、人类和诸种要素之间相互联系和相互作用。这就像诱惑中的性，就像语言变形为碎片后的诗歌形式。

帕蒂：这种形式的游戏与科斯塔斯·阿克斯勒[1]所谓的“世界的游戏”（le jeu du monde）有关系吗？

鲍德里亚：相差无几。赫拉克利特的灵感是一样的。形式游戏是所有元素之间的合谋，但又彼此敌对、水火不

1　科斯塔斯·阿克斯勒（Kostas Axelos，1924—2010），希腊裔法国哲学家。他的“游戏”概念是一个本体论范畴，也是一种非异化社会的伦理理想，认为工作（必要性）和游戏（自由）之间的对立需要被废除，而这将是一个本体论的“世界的游戏”。——中译者注

容。形式游戏处于无止境的循环当中。形式涉及竞争、规则和仪式。我相信这种发展、这种相互之间的转移——尽管尚未通达意义、个体和差异——仍然存在。我相信我们一直处于游戏状态。这种对形式游戏的热情持续不断，但是我们也在借助心理的场景（mise en scène）、借助情感和欲望的游戏抵制它。于是，你会陷入无法解决的矛盾当中。在此，主体的作用取决于它们之间的差异。这种差异化的能量过多地源于人类自身，我则更喜欢来自其他地方的能量。

帕蒂：您可以给我们提供一些有关这些形式的其他例子吗？

鲍德里亚：语言总是一个可能的例子。这很重要，因为它处于人的世界和非人的世界之间的断裂上。语言既把我们从全球循环中分离出来——脱离了动物和植物等领域的阈限——又恢复了这种象征循环。从根本上说，正是通过语言的使用，我们才不再回到本能的动物性，而是进入形式的激进性。语言属于幻觉的领域，它让我们与幻觉一同游戏。借此，我们进入了一个与掌握意义无关的与世界的共谋。语言是一个奇迹，它把我们与世界分离，同时保持着有关世界的幻觉的安然无恙。

更世俗的领域里反倒不那么容易举出例子。即使在经济支配下的我们的日常生活中，出于心理和能量的考虑，另一种任意而随机的关系也在发挥作用，并且建立起了一种形式惯例，这种形式惯例既是隐性的、不易察觉的、无意识的，又是显性的、被指控为共谋的。存在着这样一个游戏维度，包括在那些一切似乎都依法合规运作的领域里。有一条潜规则，你不能使其暴露，不能把它搬上台面，你难以既依法又合规地进行游戏。我暗自相信，人们并不把自己视为个体，即人们不认为他们并非他们的所是，他们生活在游戏形式当中。没有这般游移、这种交换、这一无意识的他者，一切都将难以忍受。如果一个人只生活在不同的关系中，生活在意志和表象的关系中，世界本身将难以为继。

帕蒂：您凭什么说我们今天处于一种形式的关系中，而不是一种力量的关系中？

鲍德里亚：并非如此。我只是认为，力量关系的衰竭，以及随之而来的价值系统的衰竭，创造出一种不同的、原初的情况。在某些阶段和某些文化中，这种游戏会浮出水面。在原始文化中（不是要怀旧地回到象征交换的立场），这种形式的游戏就是规则。同样，艺术始终保持着将这种幻觉发挥到极致的可能性，并为其找出规则，从而排除任何现实。真正的艺术并不关心真实或规律问题。这些是根据自身的规则去寻找自己做出的响应的配置。

帕蒂：不管发生什么，所有这一切难道不都背负着历史的包袱吗？您的思维模式里难道没有一个潜在的目的论吗？

鲍德里亚：我并不问自己这样的问题。很可能在我的骨子里，所有这一切都还离不开千禧年的维度！我并不反对它。你无法摆脱自己的文化。

帕蒂：特异空间不是您喜欢的，对吧？

鲍德里亚：也不见得。人首先拥有命运，然后才是历史。两者不一定重叠。有些人一生只活在历史、日常、个人的维度里，从这一意义上说，他们能够讲述自己的历史，参照自己所经历的一切，找出自己到底来自何处。另一些人则没有任何关于自己的故事，他们活在缺乏历史的命运当中。个体性和私人性是如此薄弱的概念。本然世界和游戏世界之间的结合构成生命中的事件，在那种构成中，最好的和最糟的总是一同发挥作用：事件来自别处。它甚至在你下决心之前就发生了。下决心总是涉及既往，它权衡已发生之事。这就像计划：你做事，然后回顾性地对其进行检讨。与醒来后对梦文本的重构如出一辙。下决心就是为了以另一种方式为已发生之事打上最后的印记。精神分析在这一点上已经说出了某些真相，但是它把主体固定在了它的特异的、关系的空间里。

帕蒂：您难道不是一个诺斯替主义者[1]吗？

1　诺斯替主义也译作“努斯底主义”，来源于希腊语 γνοστικος，是古希腊晚期的一种哲学思想。他们将一种隐秘的、关乎拯救的智慧称为“诺斯”，即一种通过“精神直观”获得的知识或意志。在诺斯替主义者看来，这种知识是获得拯救的关键。当今学界常用“诺斯替主义者”指代那些以个人智慧获得拯救的人。——中译者注

鲍德里亚：我不介意成为摩尼教[1]、异教和诺斯替教的信徒。为什么不呢？但我从未冒险拟定一份秘密的证明材料的清单。披露它们到底会有什么好处呢？

帕蒂：重构命运的形式，可能简单明了地意味着以尊贵的以赛亚·伯林爵士（Sir I. Berlin）的方式，在伟大的人文主义传统中构造观念的历史。您是否暗下决心，无论是在人文主义形式里，还是在认识论形式里，都不会屈从于米歇尔·福柯在医学机制和监狱机制问题上所致力于研究的那种谱系性思维？自《象征交换与死亡》之后，您是怎样与谱系学分道扬镳的？

鲍德里亚：我的方法是选择“致命的策略”的思想。也就是说，思想并没有陷入观念史或哲学之途，而是作为终结性术语陷入了当前的处境。把当前事件的每一个情况、

1 摩尼教是一种公元3世纪在巴比伦兴起的世界性宗教。一般认为，摩尼教主要吸收了犹太教—基督教等教义而形成了自己的信仰，同时也采纳了不少琐罗亚斯德教的成分，传播到东方后，又染上了一些佛教色彩。它有自己的戒律和寺院体制，主要教义是二宗三际论。所谓“二宗”是指世界的两个本原，即黑暗与光明、善与恶；所谓“三际”是指世界发展的三个过程，即初际（过去）、中际（现在）和后际（将来）。——中译者注

每一个时刻都当作仿佛最后一次来对待。在致命和事件之间构成对角线。事件中违背历史的行为不可还原为历史。思想之物不可还原为主体理性，客体之物不可还原为主体。最终，我成为不可还原的追随者。

帕蒂：您会接受病毒性思想这一术语吗？

鲍德里亚：病毒性……在思想创造了连锁反应的意义上，是的。在这一意义上，病毒或病毒性是存在的，且病毒是感染世界的一部分。它是绝对的乱交，因此确切地说，它是形式演替的对立面。病毒是一个非常神秘的现象。作为一种行为和传播方式，它不再属于形式，而是一种不具形式的、功效异常的极端现象。为什么这种病毒现在被发现了？为什么以前——至少在人的思想和行为中——根本不存在的病毒，如今突然出现了？我们不知道病毒要做什么，它们的目的何在，如果它们有目的的话。毫无疑问，正因为它们漫无目的，所以具有令人不安的影响力。这一不确定性的偶然闯入使一切皆成问题。由此，思想也成了病毒。福兮祸兮？

帕蒂：我们可以说病毒拥有致命的策略吗？

鲍德里亚：致命的策略通常被理解为内在于系统的灾难性发展。对我来说，病毒恰恰意味着相反的东西。它意味着寻找一种游戏和命运的形式，这种形式彻底挫败了这一系统的不可救药的发展。从根本上说，这一发展不是致命的，而是平庸的。致命的策略是重新发明一种思想，这种思想不是要揭露系统的真相，而是要揭露系统的逻辑。抵制恶的策略，需要更大的恶的策略。

帕蒂：您不就是要把命运重新注入我们的社会吗？

鲍德里亚：我并不想过分地强调命运或致命。关于这一点，有太多的混乱。命运的游戏确实趣味无穷，但它与我们谈论的宗教宿命无关。它的意思非常简单，撇开因果逻辑，事件已经先在。任何理解或解释的形式都与忏悔的秩序有关。这类似于尼采那里的个性的意义。与其说命运体现在政治学或解剖学上，不如说命运嵌入个性中。它是我们的特殊标志。这有点儿像现代物理学，每个物体都创造了自己的空间、自己的时间。这是命中注定的。它创造了自己的命运。它有自己的个性。它有自己独一无二、难以改变的标志，这意味着它总是要面对同样的最终的命中注定之事。这并不与它拥有一种历史相斥。命运和历史是两个平行维度，除非在例外的和戏剧性的的场合下，否则彼此并不照面。混淆两者是错误的，就像精神分析和人文科学经常做的那样。

帕蒂：我被您的坚持打动了。追寻着您自 1970 年出版《消费社会》以来的知识图谱，人们获得了这样一个印象，即当代个体的社会命运被消解了。从 1970 年的书里提出的最小差异的个体，到 1995 年已是现成的克隆的个体，您没有为后现代人留下最后的机会。或者更确切地说，这样的机会还在，但是处于社会领域和其决定作用之外。您如何能够既谴责现成的个体，又主张命运游戏是他的全部之所在？

鲍德里亚：我不会“谴责”个体，也不会把命运归结为“我们的全部之所在”。我主张观点之间相互辩驳。现成的个体是一种超现代产品。这不是资产阶级的个体概念，而是后现代概念。它不是一个主体；它已经变成了一个克隆体。它拥有陌生的身份，像一个微粒、一个细胞、一个分子、一个自由电子、一个单细胞体。这一个体不再受制于命运。某种意义上说，他把命运置换成施加于自身的致命的实验。这让我想起所有那些具有危害性的冒险，那些几乎具有牺牲性的残害身体的磨难。以亚特兰大的残疾运动员为例。他们为了提高运动成绩而伤害自己。这意味着个体被迫人为地创造一种逆境以替代命运。实际上，他陷入了自己设置的圈套。他不再可能进行任何游戏；他只是在测试，他只是在实验——这些与游戏相反。他刻意去寻找自然和命运可能给予他的各种风险。他为生存而战。今天，他被迫人为地重新创造存活的条件。这种人为风险的发明令人难以置信，它们甚至通过基因实验延伸到了自己的身体。所有这一切都是为了至少维持一个虚构的他者、一个另类。但是，它不再是诱惑的另类，而是另类实验中人为的、具有命运错觉的人为的他异性。我们都被困在这一拟真化的逆境中了吗？命运的衰微和命运的缺失，成了我们最大的问题。在一个过度保护、极端整合的世界里，冒险成了伟大循环的一部分，个体在那个世界里拼命寻找一种身份。最糟糕的是，个体唯一可依赖的是使自我置身于身份的终极价值中，在我看来，身份不再是一种价值，或仅是一种极其微弱的价值，在这种价值中，每个人都面临这一至关重要的问题：我是谁？我想要什么？他者在哪里？他再次变成了一个与自己的影子纠缠不清的个体，或者一个一劳永逸地失去了自己影子的个体。

帕蒂：那么，在您的字典里，什么才是真正的哲学怪物？是身份吗？

鲍德里亚：身份是一个荒谬、可悲的梦。当你不知如何更上层楼时，你梦想做回自己。当你失去了所有的独特性（文化确实是一种社会的独特性的极端形式）时，你对身份梦寐以求。可悲的是，当下我们不再为权利或荣誉而战，我们只为身份而战。权利是一种掌握，身份仅是一个参照。权利意味着危险，身份则与安全相关联（不幸的是，还与强加给你身份的安全和控制系统相关联）。身份是一种对被解放者的认知的痴迷，但那是真空中的解放，根本不知道他现在身在何处。它就是一个存在的标签。今天，所有的能量——有关民族的、整个少数民族的和个体的——都聚焦于这一可笑的肯定，聚焦于这一失去了荣誉的声明：我是我！我存在！我活着，我叫某某，我是欧洲人！你必须证明这些显而易见之事，而一旦完成，它们就会突然变得隐晦。

身份是一个无解的问题。无论好坏，它都是整个技术理性规划的一个绝望的幻想。它的目的就是要通过排除负面因素来辨识一切，通过摈弃邪恶以及制造自我认同的分子式存在来辨识一切。个体、主体、民族、种族的认同——世界本身的认同，依赖于当下的技术和绝对真实——已经如其所是，一切都无可改换。所以，不再有任何隐喻、变形的可能性——唯有身份的改变仍无限期地存在。

镜像阶段让位给视频阶段。没有什么可以逃脱这种图像 – 记录、声音 – 记录，逃脱这种即时的、同步的意识 – 记录。当下无物的发生是无屏幕的。它不再是镜像。现存的身份、主体的身份意指镜像，构成反映的要素。甚至在被打碎的异化的镜像里，《布拉格的大学生》（*L'Étudiant de Prague*）里的那个大学生在死亡边缘还重新发现了他的形象。我们不会再有这样好的运气。我们当下所能得到的不再是真正的自己的形象，而只是实时的瞬间记录。在实时里，我们甚至不再与形象有任何距离。但是，为了生存，你需要与自己拉开距离。这种距离的消除会迫使我们无限制地再生产，达到一种可笑的永生，这一永生不再与命运的不朽有任何共同之处。我会说“解放”即是如此。所有形式的解放，不都既是自由的实现，也是对自由的最终打击吗？这是现代性的全部问题之所在。

整个现代性运动，它的消极的命运在于这样一个事实，即所有的想象、梦幻、理想和乌托邦的秩序被转换成了技术的和可操作的现实。这是一种彻底的背离，是所有欲望的物化，是所有可能性的超实现化。绝对意义上的成就。不会再有作为避难所的他者、不可能性或超验。不再会有被异化之人：个体已经在总体上得以实现——当然是虚拟意义上的实现。正是这一虚拟维度垄断了今天所有的其他的世界，通过排除任何想象性的选择而使真实总体化。有鉴于此，当它不再需要想象来承载它并陷入虚拟之时，真实就彻底消亡了。个体最终变成了自我同一——自我（这个“我”）的许诺已经实现。黑格尔、马克思、施蒂纳

（Stirner）、情景主义者对整个现代历史的预言——关于分离的主体已经终结的预言——已经实现了。但是，它并没有变得更好，而是变得更糟了：从不同到相同、从异化到认同（正如尼采对价值重估的预言在这场运动中变得更糟了一样，它并没有超越善恶，而是停留在了善恶之上）。

帕蒂：在您看来，正如吉尔·德勒兹所说，个体就是一个集体。在这一点上，您还是一个尼采主义者。您并没有区分什么是个体，什么是集体……

鲍德里亚：这一区分属于道德哲学的范畴。整个主体和个体的历史已经发展到了与社会对立的程度。但是，今天的主体被施加魔法，失去自由，不再掌控自身的源起或结局了。它成了网络的人质。优先权属于网络，而不是网络用户。身份归属于网络，不再归属于个体。集体也采取网络的形式。虚拟的超现实已经把这两个术语一同吞噬了。个体 / 集体的两极正在萎缩。

帕蒂：那么，什么可能构成个体的事件呢？

鲍德里亚：他的奇点。不是个体，也不是集体，因为集体已成网络全球化，在这场全球化中，个体仅为网络中的微粒。此外，奇点可能会被说成构造事件之物。奇点不再属于个体，也不再是具有决定意义的主体创造的结果，而是一个闯入的、强行进入的结果。它可能来自一个人、一个群体、一次系统本身的事故。它是一种反常，在模糊的系统集合中获得力量。

系统中的个体是多余之物，而奇点则具有对抗的意义。奇点拥有完全的自主权，并且以这种方式存在。系统毁灭与自身无关，而奇点则拥有自毁的特权。每个人都在玩消失的游戏，但是奇点则操控游戏的规则，自导自演了消失。奇点在制造迅速的消失，但那不是灾难性的死亡。显现和消失都是命运的形式。

第四章　当前的事态

帕蒂：您所提及的超政治是否意味着政治的终结？读您的文字，人们会有这样一种感觉，即政治空间无从定义，政治行为未必可能。您不认为权利之本——被称为人权的人的基本权利——可能填补这一政治上的空白，开辟出一条通往新的行动之路吗？我在思考反人类罪的概念是如何进入制定法[1]的，这种压力来自法学家，也来自遭受各种迫害的公民。还有，当知识分子向政府抗议海牙国际法庭的判决书无法执行时，他们难道不是在尽自己的责任吗？

鲍德里亚：事情看起来可能会完全不同。海牙国际法庭的成立，无法证明国际上道德良知的进步，而只能表明西方国家无力实施有效的实地干预，他们缺乏在道义上和政治上执行法律的能力，这种无能变成了一个法庭（让我们搁置这样的假设，即这种无能不是无辜的，它对应于一

1　制定法一般指国家权力机构依照一定程序制定、颁布的，表现为条文形式规范的法律文件。制定法之外，还有判例法、习惯法等。——中译者注

种或多或少蓄意为之的策略，只是加上了内疚和恶意：法庭也是所有这一切的表达）。

至于知识分子的请愿书，这反倒成了海牙国际法庭根本无力执行其判决的标志。人们有理由再次怀疑，它是否真的想把法律变为现实。此外，这也造成了一个特殊的情况，即法律在自说自话，没有任何实际结果，它甚至可能为实际情况的恶化提供掩护。最终，制定法律仅仅是为了违反法律——它成为完美罪行的完美托词。道德进步的外表仅证明实际上的无能，在这一意义上，它们是同谋。所以，靠签署一份请愿书去制裁有预谋的或精心策划的“负责任的”权力的无能是荒谬的。事实上，为了没有任何希望的获得而出卖自己是很可笑的，因为显而易见的是，这样的权力要么根本不存在，要么下决心不作为。现在，缺少政治意愿的权力意味着什么?

人们可以说，如果西方强权已经完全处于这样一个丢脸的处境，那么对知识分子而言，他们也已经受到了嘲笑。在这样的条件下，在从上到下认可和赞同屠杀的普遍共谋中，不去签字，不是漠不关心和蔑视，而是一种积极的作为。法律的普及是进步，这一想法太过完美，令人难以置信。除了良心败坏以及诚信缺失，我并未看到其他的意识进步，两者在普遍高涨的怨恨情绪中合为一体，被理解为道德谱系的最新阶段。

帕蒂：在什么意义上，谴责法律只是原地踏步？1945年后，尽管战争的影响犹在，但像勒内·卡森[1]这样的法学家还是创制了新的法律体系。为什么在本世纪末不可能做到这一点呢？

鲍德里亚：不存在任何单方面的法律进步。我们所看到的是一种同时存在又彼此矛盾的法律复活和司法不公。海牙国际法庭谴责战争罪犯，联合国军明确宣称不会逮捕他们。法官对蒂贝里的公寓进行了搜查，警察执行政府的命令，这明显违反了司法程序。[2]更不用说阿尔及利亚的

1　勒内·卡森（René Cassin，1887—1976），法国法学家、国际法教授、法兰西学院院士。1968年获得诺贝尔和平奖。1948年12月10日，联合国在巴黎召开联大会议，通过了《世界人权宣言》，卡森为这一宣言的主要起草者。——中译者注

2　这里指对巴黎戴高乐主义市长让·蒂贝里所从事交易的调查，特别是他的儿子在香榭丽舍大街租用一套公寓的情况。关于这一发生在雅克·图邦担任司法部长期间的“事件”的细节及其明显的司法“不公”，参见1996年6月20日《解放报》（*Libération*）第一版（标题为“活见鬼，蒂贝里事件已不存在”［Abracadabra, l'affaire Tiberi n'est plus là］）。——英译者注

选举了（难道普选权不是一种进步吗？）——自由选举立即被获得“民主”国家认可的军事政变所践踏。那么，事情与法律有什么关系？事情与国际法庭有什么关系？这一法庭受到最高国际权威的挑战，该权威已经在客观上成为当地进行种族清洗的同谋，并且在这里公开犯下了司法不公的罪行？铭刻在所有民主国家大门之上的人权，被给予了站在世界的错误一边的人们。

帕蒂：那么法国知识分子呢？您是说他们也站到了世界的错误一边吗？

鲍德里亚：法国知识分子虚构了他们的普遍影响力，就像法国领导人虚构了他们的全球政治权威一样。法国的自欺和自满如出一辙。在国内层面，有着一种知识分子影响国家政治决断的自负，就像我们的领导人拥有影响国际政治的自负一样。知识分子（那些声称自己是知识分子，同时又有道德良心的人）总是忙得团团转，提供他们的意见，尽管大量的历史证明这样做毫无意义。作为与人为善的政府顾问，最荒诞不经的事情是，这个政府不再是一个真正意义上的政府。要成为主子的顾问，就必须有主子存在。非政府组织本身试图通过干预世界政治来影响事件，当时它不具备这样做的手段。不管怎样，甚至那些看似决定世界政治的存在（比如白宫），也只是比尔·盖茨（Bill Gates）、银行和国际投资机构重组跨国机制的经营者或克隆体——所有这些组织现在几乎完全自治，遵循一种准自动战略。所有这一切都处于虚空中：这是历史的最后讽刺，似乎没有人意识到这一点，他们都迫不及待地要在这段历史中扮演自己的角色。从梯子的一级上到另一级，每个人都以为他们是在按照自己的目的进行操控，每个人都在漫无目的的螺旋中不顾一切地投身于疯狂的场景（螺旋有目的吗？），在此，所有人都在不知不觉中成了同谋。

帕蒂：这一历史的讽刺在何种程度上阻止了我们对超越资本主义的想象？

鲍德里亚：到底是谁或什么会带领我们实现超越（如

果不是系统本身的话）？在以往的历史关系中，对抗性而非同谋性是常态，被压迫者和压迫者之间的对立是常态。被压迫者不是生活在相互指责中，而是生活在反抗中。今天，每个人都被框定在了作为受害者的索赔中。所以，不再有反叛，不再有对抗，有的只是一种反常的处境，一种新的反常的协商一致的社会契约，在这一契约中，每个人都试图被承认为受害者。在这种情况下，每个人都变成既是受害者又是帮凶。每个人都处于分裂的两极——如果确实存在分裂的话。无论如何，不再有一条标明冲突或力量对比的分界线，有的只是一条对合线，一条与事态同谋的、不正常的关系线。

就说里昂信贷银行吧。纳税人必须支付 1800 亿法郎帮助里昂信贷银行渡过难关。过去是国家出面救助——诚然，两件事的性质是一样的——但现在责任落实得非常明确。坚信不会受到惩罚的资本可以进一步摘下面具，毫无顾忌地说："资本就是你！国家就是你！"而且里昂信贷事件仅是社会供给和福利的又一次延伸。如果人们要照顾到所有的这类社会需求，那么当里昂信贷银行陷入困境时，人们就没有理由不去救助。相比之下，失业者和各类社会救助案例现在都应该这样来理解：他们要照顾自己，就必须更好地管理自己的“公司”。个体被视为资本主义企业中的一员，资本主义企业被视为公民的福利。角色转换得如此完美——社会以一种完全有利于资本的方式发挥着相反的作用。

这一系统已经变成了一条莫比乌斯带，这里的每个人都既是受害者又是罪犯。里昂信贷银行破产了，你就破产了。工厂倒闭了，你就失业了。所以，里昂信贷银行就是你！公司就是你！在资本和剥削的古典时代，这是不可能的，当时被压迫者和压迫者、被剥削者和剥削者之间界线分明。同样的强制的同谋和勾结以及同样的敲诈，也发生在政治领域。“朕即国家，朕即理性！”这样的口号已经悄然变成了“朕即你们！”这真是一个民主的奇迹、责任的转嫁！公民现在是股票持有者：他不会再对公司倒闭兴高采烈。结果是，这场底层群众谋求掌握权力的革命，让位给了政府自身从上到下放弃权力的分权。这是民主的伎俩还是历史的诡计？事实上，这一责任的转嫁迎合了对民主原则可怕的扭曲：资本或像莱顿瓶（Bouteille de Leyde）[1]一样连回自己，或卷曲成螺旋形。但它还是资本吗？“不要问国家能为你做什么，而要问你能为国家做什么。”作为一种策略，这是一个完美的互动公式，它呼吁人们遵守秩序，把所有的问题统统转移到接受终端上去。这是一种对人们重新掌握自身命运的理想的戏仿。

帕蒂：这也是对政治解放的嘲弄。对您来说，资本主义就是西蒙娜·薇依（Simone Weil）在谈到国家时所说的那种冷酷的怪物？

鲍德里亚：这是一个头上顶着社会解放的怪物。现在，资本正在把自身从工人那里解放出来！父母正在把自身从

1　德国牧师埃瓦尔德·格奥尔格·冯·克莱斯特（Ewald Georg Von Kleist）于 1745 年 10 月 11 日、荷兰科学家彼得·范·穆森布罗克（Pieter van Musschenbroek）于 1745—1746 年各自独立发明了“莱顿瓶”。这一发明最终以穆森布罗克所在的莱顿市命名。莱顿瓶曾用于许多早期的电实验，其中以 1746 年的诺莱特实验最为著名。诺莱特让 200 名修道士围成一圈，用铁丝将他们互连，形成一个周长大约为 1.6 千米的圆圈。然后，他让其中一位修道士用手触碰已经充好电的莱顿瓶，几乎同时，每个修道士都因受到电击而跳了起来。这个实验向人们展示了电的巨大威力，也说明电能够非常迅速地传导。——中译者注

孩子那里解脱出来！俄狄浦斯情结的终结，阶级斗争的终结，在资本主义的庇护下，一切都如愿以偿。所有的潮流都在发生反转。过去的谈话都是与自由、解放相关，都是与宿命如何尽可能转化为自由相关。而今，非常明显的是，伟大的解放浪潮仅仅是一种给奴隶提供虚假的权利和自由的最好方式。

强制性互动：通过评价和所有其他的即时反馈手段，时下大众直接介入了事件，他们已变为互动者！我们无一例外地卷入统计意义上的民意调查：被迫充当起同谋。无论喜欢与否，我们在相当长的一段时间里都在自动反馈系统的奴役下不停地互动。为我们提供的互动在很大程度上从未平等过，我们深受煎熬：这种集体的被迫互动在信息和交流技术的劫持下变本加厉。

这就是为什么在互动场域里不可能提出自由和责任的问题。人们对自己有孩子几乎都大为惊讶（孩子也对他们有父母感到惊讶吗？）。他们对要为孩子负责感到惊讶，就像对许多其他事情感到惊讶一样。他们对必须为自己的生活负责感到惊讶。他们不再心甘情愿，他们缺少信念。在目前的情况下，他们甚至惊讶于拥有一个身体。所有这些都不再有任何真实的基础。它不再把自己作为价值强加给想象或意识，甚至也不再把自己作为幻想强加给无意识。在这一语境中，任何责任或对责任的要求都是不切实际的。他们很可能还会对不得不去寻找工作感到惊讶——就像他们很可能会成为许多毫无意义的网络的中继站，成为一般互动喜剧中不由自主的演员一样——他们仅仅是自动问答机锁定的问题和需要的目标。

帕蒂：至少，他们会对活在与权力的暗中勾结中感到惊讶吧？

鲍德里亚：也许根本不会。因为严格说来，他们与一个不再存在的权力勾结在一起，这甚至更糟。每个人都既是投资人又是撤资人，就像旋转舞台或零和变量几何一样。每个人都参与权力喜剧的表演（如同参与许多其他的社会喜剧或文化喜剧表演一样）。但是我仍然希望这里进行的是一个双重游戏，既是个人的又是集体的。人们应该能够阻止这一局面持续下去，切断它，打破双方的共识状态。但是，无论对所产生的意识还是对随之而来的反叛，人们几乎不能抱任何幻想。在历史过程中，如果你抢先行动，创造出一种更快的发展条件，从而引发一种爆炸性差异，那么你就创造了一个事件。在一个像我们所处的这样的内卷状态[1]里，试图加速或矫正系统的做法，会让内卷变本加厉，我们受困于此。我们是这一系统自动书写的一部分。当然，存在那些我们一直在谈论的引发社会剧变和悄然反抗强制性参与的诸种无意识形式。比如，近来逐渐浮出水面的大众意识（无意识）里的一个（老牌的68式）理念，即消费是一场骗局。

帕蒂：于是，消费者取代了公民。不过，正如您在1970年的书[2]中所指出的，强烈的负罪感一直伴随着这种新的享乐主义行为。

鲍德里亚：即使在底层消费者那类似爬行动物的大脑

1　内卷化，出自美国人类学家吉尔茨（Clifford Geertz）的一个概念，指一种社会或文化模式在某一发展阶段达到一种确定的形式后，便停滞不前或无法转化为另一种高级模式的现象。——中译者注

2　让·鲍德里亚，《消费社会》（Jean Baudrillard, *The Consumer Society*, trans. Chris Turner, London: Sage, 1998）。这本书最初于1969年以法文出版，但英译本是以1970年的修订版为基础的。——英译者注

中，再清楚不过的是，在面对强权经济的最后通牒时——消费，只有消费，否则这一机器将停止运转——消费者已经变成了人质，变成了实验动物。在全面动员了工人、士兵乃至公民参与普选（以你喜欢的任何方式投票，但必须投票！）后，我们现在要动员消费者了。当有人想要扭曲需求，将其作为社会义务进行支出时——也就是要从消费者那里敲诈言论、选票、性和幸福时，人们意识到，他们拥有与这一系统相关的"栓塞性"力量。于是，一种新的潜在的反抗形式出现了：简单地说，就是更少消费——不是出于良心上的反对，甚至不是出于政治上的决断，而是出于一种自我防护的反应。

在这里，对现代性口号——增长和福利——的痛苦修正是可以预期的。这是一种修正主义。这种拒绝消费的态度，在以自由市场为主导地位的自由主义者眼里，是一种对社会的背叛。一场新的阶级斗争正在展开（如果牛群不想吃草，那要怎么做黄油呢？）。

帕蒂：也许一种新的政治经济学要出现了。可逆性也可以采取经济领域的重建的形式。我正在思考血液被污染事件、疯牛病、石棉……

鲍德里亚：这还是政治经济学吗？我想经济和政治这两个术语已经混淆了它们各自的定位，也就是说，它们内爆后彼此渗透。我们在为历史或政治经济学收拾残局，我们所处理的是两个世纪以来的资本和生产的废品，包括人类的垃圾。在过去的30年或更长的时间里，我们一直在令人沮丧的经济和政治中——这很明显涉及某种抛弃——在没完没了的回收、清理和涤除的工作中，从事废弃物的管理，这也包括了人类物质，不仅是社会的维度，而且是物种遗传资源再生的维度。整个现代制度开始忏悔，并且假定了一个受害者的视角，就好像我们正在处理一场人类已有的、已经发生的历史灾难，正在处理灾难的重演。我们都是这一虚拟灾难的非个体化的受害者，都是资本和历史的恶果的受害者，在这一恶果中重现为它的症候和各式各样的废品。因此，我们所参与的对现代性的痛苦修正，被我们所有欲望的无条件解放所排斥。在这一意义上，我们身处一个彻底的修正主义社会。

当前，整个世纪都在哀悼和忏悔它曾渴望和接纳的所有解放，哀悼和忏悔它曾冲破的所有边界——一切都遭到践踏，如今变为孤家寡人。现代性的所有收获和解放的衰退——乱性、吸烟、酗酒、超速、堕胎等活动，现在都转入了地下，注定要被禁止和驱离，被剥夺居留许可或关在指定地点。一场普遍的修正主义运动和一股强大的浪潮正朝另一方向涌去——对于未来几代人来说，这无疑将成为他们无从知晓的事物（天堂或地狱）的一部分。对于我们来说，至少这些东西还曾一度存在过。但是，随着禁令的落实，它们将从循环中消失，甚至无从显现。同样地，所有的现代性理想，所有的启蒙理想，所有的幸福、美好、自由理想，它们的具体实现相当于一场暴力的去升华。所有被解放的东西眼下正在被清算。

帕蒂：那么，人们难道不能从解放中获得自由吗？

鲍德里亚：解放的矛盾在于，获得自由之人永远不会是你想象中的那些人：儿童、奴隶、妇女或殖民地的人们。总是别人从他们那里解放自己，以自由和启蒙的名义抛弃他们。因此，孩子们格外关心的是确保父母不会停止做父母，或者至少使他们尽可能晚地去这样做。因此，人们共同关切的是，恳求国家不要停止做国家，迫使它承担起自己的角色，而它却在不断地试图放弃这一角色——并且理由充分。国家正在不断地“解放”公民，敦促他们照看好自己——这是他们通常根本不想做的事情。在这一意义上，我们都是潜在的巴特尔比（Bartlebys）[1]：“我宁愿不要”。自由！担起责任！为自己负责！——“我不想”。宁愿不要，也不愿做某事（菲利普·兰肯 [Philippe Lançon]，《解放报》）。宁愿不再做、不再奔跑、不再竞争、不再消费，也不再以任何代价获得自由。所有这一切都成为现代性的忏悔模式的一部分，是一种微妙的冷漠，它感觉到责任的危险，以及自由过于美好，令人难以相信。因此，当前赢得胜利的有关情感、家庭、政治和道德的修正主义，可能呈现出对自我或他人的“保守的”仇恨的更暴力的方面，

1 《巴特尔比》是 19 世纪美国小说家麦尔维尔的小说。主人公巴特尔比是一名抄写员，在进入纽约市法律事务所工作时，他勤奋能干，不过除了抄写之外，他拒绝做任何事情。过了一些日子，他连抄写员的工作也不干了。他解释说：“我不愿意。”他在被解雇后拒绝离开事务所，他的雇主在忍无可忍的情况下搬迁到了另外一个地方，把他留给了一个承租人。这个承租人的抱怨使房东最终以流浪罪的名义将巴特尔比投入监狱，巴特尔比最终死在监狱。——中译者注

这是解放的暴力之后幻灭的产物。这一逆流，这一“退化”的再升华，是马尔库塞分析的退化的去升华的当代形式，也即一种结果。毫无疑问，自由并不简单，解放更是如此。

然而，作为现代性的狂欢，自由的狂欢显然是矛盾的，其中既有最好的也有最糟的；对现代性的痛苦修正，对现代性的理想和幻觉的痛苦修正，也必然是矛盾的。因此，所有已获得的自由都在逐步被终止或“翻修”，市场自由弥补了其他所有自由的缺失。但是（行为上的，如果不是法律上的话）性解放的终结可以用各种方式加以评估，有些“保守的”方面表现得更为积极。比如，人们似乎已经彻底摆脱了消费和花销的自由。他们似乎已经意识到了其中的陷阱。而我们拥有的则是一场新的储蓄活动（各种形式的收回和撤资），并且它已经改变了意义。相对于一般的驱动力而言，节俭一度是守旧的和反现代性的，而如今它却成为顽强的小储户运动的一种武器。消费罢工了：一种对强制的自由流通的最后抵抗。由于他们无法从自由流通中抽身而去，所以他们撤资，取消部分需求。对车轮润滑造成巨大阻力；本能的管制，反抗强制地放松管制（我们都是填鸭式喂养的鸭，相比之下，动物从不会吃到撑）。

如果人们不再有消费的意愿呢？如果他们不再想要“自由”呢？这完全是保守的、政治不正确的。人们可以清楚地看到，对现代性的必要修正是模棱两可的，它有时是一种微妙的革命。现代性的终结确切地说是一个攸关时刻，一个所有进步、成长和自由的努力都变得喜忧参半的时刻。那正是左翼和民主失去根基之时，而且每一种明显的进步（包括自由和人权上的进步）都必须被评估，看看是否属于另类的含混和反动。

帕蒂：在您看来，对现代性的必要性加以修正要采取什么形式？

鲍德里亚：这一令人痛苦的修正显然在采用一种尸检的形式。自 20 世纪 80 年代以来，我们一直处于“尸检”阶段。社会主义“尸检”在与它自己的尸体和历史的尸体进行搏斗。密特朗的“尸检”，面对的是一个制造了缺钙社会的幽灵般的总统。这是宏大叙事和所有现代性理想的垂死挣扎。在短短几年时间里，整整一代知识分子中的佼佼者（萨特、巴特、拉康、福柯、阿尔都塞、德勒兹、德波）都卷入了这场浩劫。有数不清的纪念性食尸插曲（试举几例：1968 年、法国大革命、兰波、尼采、梵高——更不用说海德格尔事件以及所有与大屠杀和战争相关的坏死性痉挛）。

帕蒂：这就是您所说的广义上的重复？

鲍德里亚：我们必须为这种普遍的“尸检”明确地献上必不可少的宣福礼，无论是在体内还是体外，那些人一直活在教皇的植物人状态下的光谱阴影里。

忏悔是这种尸检、这种修正主义改变的一部分。它是我们今天公共和政治生活的重要引擎之一。侍臣曾是贵族秩序中最引人注目的人物。激进分子是社会和革命秩序中最引人注目的人物。忏悔者是先进的民主秩序中最引人注目的人物。确实如此，但不用担心：一个人可以既是侍臣又是忏悔者，既是激进分子又是忏悔者，既是激进分子又是侍臣（他们是最糟糕的）。也许，我们都是忏悔者。忏悔的范围已经从 20 世纪 80 年代的意大利左翼运动发展到了整个政治领域，如今它已成为政府的一项原则（包括追查腐败丑闻的强制忏悔形式），或至少已成为一项获得成功和获取名誉的原则。人们只需在诸如此类的人中看一下F. F. 或 R. D. 就足够了，他们在他们那个年代以各种可能的方式勾结当权者（无论是共产主义者还是密特朗的人），谋取利益，为的只是在同一权力消失 20 年后还能拿到回报（“红利”）。然而，除了对自己的所作所为表现出愤慨，并不诚实地加入否定，忏悔是不可信的：它证明了对历史和现代性本身的误解，因为它给予这些东西无条件的启示的地位，而一旦它们遭遇失败，它就会将其扫地出门，对场景进行否定性“重写”。这完全是为了在这一过程的两端都对失败者提供支持，而所有的忏悔者（社会主义、现代性、政治正确的忏悔者）都有一种不可救药的糟糕的信念。他们令人厌倦地扮演着命运的受害者角色，痴迷于自己的失败，舔着自己的伤口来感染自己，却从这一处境中二次获益。

帕蒂：这种忏悔会把政治阶层谴责为一个配角吗？

鲍德里亚：国家和政治权力处于一个高处不胜寒的

非常脆弱的位置，可以说，它们就像作用于半透明社会的细工饰品，就像多重合谋编织的小说。它们凭借所有与其交手的人让自己重生。它们在接受地方预审法官的调查中谋求自新。这似乎是一个策略（政府把自己放在受害者的位置上），但实际上已经不再有任何高高在上的政治意志了，有的只是系统的内在扭曲、内在卷积，这意味着人们不再可能处于对立的立场上。那么，当政府不再有手段和意愿去这样做时，它就会寻找一个危险的控制的借口。但是，在那些认为自己有能力逆转或推翻这一系统的人中间，存在一种更具欺骗性和危险性的伪装，因为即使他们有意愿去做，他们所做的也往往事与愿违。今天，最糟糕的事情是缺少清醒。当你落入陷阱，你就会陷在那里。与这类地形搏斗毫无意义，这一模式具有最强大的化解对立的能力，你所面对的是系统的螺旋式陷阱，它既能控制积极的一面，又能控制消极的一面。在这种情况下，你无法再指望某种内在的否定性。你不得不指望系统的临界质的到来，通过饱和和聚集，从而实现系统的积极超越。它不再是消极，而是那种会引发动乱的积极，是比积极更积极之物；或指望奇点，一种完全不同寻常的对象或事件，既不内在，也不外在。正是在这种系统的扭曲中，在这种系统吸纳所有功能障碍的自主循环中，堕落的本质和民主的邪恶命运得以凸显。

帕蒂：听您这么一说，命运似乎在劫难逃。您如何思考那些试图重建民主的公民身份的人们，这一问题看来毫无意义。

鲍德里亚：当前，民主就像原始社会的象征交换，是一种传承而来的社会形式。这是我们梦想民主的方式。总的来说，政治仍然是一种唤醒西方社会之梦——通过技术表达一切的开放社会之梦。至于诸秘传社会（无论它们是被剥夺继承权的社会还是传统社会），早已将政治与部落管理结合了起来。它们在个人的结构和关系中约束和驯服了西方的政治、法律、民主和普世价值；它们把线性和历史融入了自身的周期。我们可以在一个更广阔的范围内，沿着理性的迂回路线，自问它是否与我们西方社会不同。难道政治场域不服从于与公共事务无甚关联的冲动、义务、挑战和幻觉吗？这一清廉的恶的非理性的真实，表现在政治的腐败中，因此它必定被解释为政治理性实现自身的不可能性。这说明了为什么透明度越迫切，腐败越严重。那些只希望顾及政治正确的人性——一个基本的卢梭主义视角，致力于良好的民主事业的激进分子，希望更巧妙地恢复政治的“本质”，而他们恰恰助长了这种社会的腐败形式。为政治和社会领域的启蒙维度设定目标的意义究竟何在？当它变得越发明确时，特别是在经济领域，这些东西会被大量更奇怪的目标所吸引，如果它们不是真的没有目标的话。有一种野蛮的妄想和——恕我直言——愚蠢，即在毫无头绪时，执拗地选准正确的方向；当方程式等于零时，希望改变方程式的形式。

看一眼腐败的战线就会知道，战斗无处不在：在选举体制中，人们被引导去为平等的社会地位而战；在雇佣领域里，每个人都必须在剥削体制中找到一席之地，这是劳动力市场的相对有利之处，同时又是一种服务政府的敲诈手段。我们处处陷入虚假的问题、虚假的选择、虚假的事务当中，不管怎样，我们会在这里输得精光。

帕蒂：我们在这里被民主软禁了！好吧。但令我好奇的是，您对政治不抱任何希望的同时，还以索雷尔[1]的方式思考暴力，这至少可以说是一种悲观的思考。在这一问题上，您更接近伊夫·米肖，尽管您实际上并没有得出与他相同的结论。[2]我几乎无法消除您的暴力概念的某种含混性。人们无法区分，您是把它视为一种原始古老的行为工具，如同米肖一样，还是对它保持某种迷恋。再有，您有时让我想起乔兰，一位右翼知识分子，如果可以归类的话，他把民主视为一种体制，可以用来防止愤怒和革命。所以，当您说我们的社会并没有为“真正的暴力”留有任何空间时，您是感到遗憾还是感到满意？

鲍德里亚：这是一种诊断。我们的社会已经驱逐了暴力（同时它也驱逐了邪恶、疾病、消极和死亡——我并不是指它们已经被社会所消灭，而是说它们已经被社会的价

1　乔治·索雷尔（Georges Sorel，1847—1922），法国哲学家、工团主义革命派理论家，提出了暴力在历史过程中的创造性作用的独特理论。《暴力论》（1908）一书认为，暴力是对现存社会秩序的革命性否定，通过动员非理性力量进行的暴力革命是实现社会主义的唯一方式。——中译者注

2　伊夫·米肖，《暴力事件》（Yves Michaud, *La Violence apprivoisée*, Hachette, Questions de société）。——原注（译按：伊夫·米肖［1944—］，法国哲学家、艺术评论家。）

值系统所排除）。所有野蛮的、自发的暴力形式，无论在历史上还是在政治上，都已经受到抑制或中性化了。正如所有具体的自由形式正在被纳入唯一的自由持存——市场的自由和市场价值的自由，也正如这些假设正被纳入全球主义，所有的暴力形式也都被新世界秩序的恐怖主义和警察式暴力这一独家优势所削减或遮蔽了。体制垄断了暴力：垄断了对任何异常、任何否定的根除，对死亡本身的根除，以及对存在于全面和解中的虚拟暴力、原教旨主义暴力（唯一的暴力是体制暴力，不是恐怖主义暴力，恐怖主义暴力是小规模的、盲目的）中的真实暴力的根除。

与此相反，新的暴力形式正在兴起，或者更确切地说，新的匿名的异常有害的形式正在兴起——一种针对社会主导力量、针对任何主导体制的活跃的反应式介入——它不再是历史上的解放暴力，而只是一种制约牺牲意义上的命运的暴力、一种制约牺牲意义上的象征秩序的暴力、一种制约完美罪行的暴力，换句话说，一种总体上整合（体制一体化）的暴力，甚至是一种制约体制（所有形式下的强制自由、强制互动）的民主方面的暴力——也就是说，命运缺席。这种新暴力不再直接针对自由的匮乏、针对压迫，而是针对命运的匮乏以及我们所有细胞的民主白血病。

帕蒂：这种匮乏，就像 1995 年讷伊（Neuilly）幼儿园的人质劫持者 H. B. 所展示的那样。很遗憾，在一本很少有人注意到的书中，阿兰·布罗萨这样写道：

> 公众之所以不会原谅这一“怪物”，是因为他的直接展示[……]在这场危机中，至关重要的不是经济，而是生命；不是对象，而是人际关系；不是汽车销售指标，而是所生活的世界是否还适宜生存[……][1]

鲍德里亚：他说得对，因为像 H. B. 或佛罗伦萨·雷伊[2]那样的暴力，不再是一种带有明确目的的政治暴力（政治暴力已经被吸纳并被转换为有利于体系利益的超政治能量了）。它是与其目标分离并转而反对目标本身的暴力——一种反政治和反社会的暴力。更为糟糕的是，它

1　参见《民主的狂欢》（In *Fêtes sauvages de la démocratie*）。——原注（译按：阿兰·布罗萨 [Alain Brossat, 1946—]，法国哲学家，巴黎第八大学哲学系名誉教授。）

2　佛罗伦萨·雷伊（Florence Rey）是一位年轻的女性，她一直是一个安静的、无人知晓的在校学生。直到某一天她突然（确实有些意外）踏上了穿越巴黎的杀人之旅。——英译者注

不再是无政府主义的或革命性的，因为其目的不再是通过暴力历史性地把新东西引入生活，以此矫治体系或改变世界。它把体系本身作为目标，意在使其失去稳定。它对体系的内在矛盾不感兴趣，而是把目标对准社会和政治的基本原则。它自发地采用一种病毒的、易变的形式。它是一种赋予其自身正当理由的秘传形式、一种与排斥体系相关的暴力。它通过更甚的排斥，通过冷漠和仇恨，使自己与社会空间隔绝开来，以此回应我们社会实践的体系性排斥。它可能会被激怒或无动于衷：它可能会采用一种积极的恐怖主义形式或大众的惰性的、难以遏制的顺从形式。

不再有任何的对象或目标，它随意（像所有病毒和有害物质一样）混淆了凶手和被害者，处于巨大的斯德哥尔摩综合征之中，而这一切准确地反映了这一体系自身及其“完美的罪行”——这是它当下理想的运作状态，我们所有人都是其中的牺牲品、凶手和同谋（这就是共识、互动和一切回到自身循环的真实）。以一种高尚的、超凡脱俗的眼光观察整个过程——这一系统的过程以及反抗系统同时又折射出系统的特征（排斥、自满、反常、恶意）的暴力过程——人们可以得出这样的结论，这是一个巨大的自杀过程，自杀就是完美的罪行，因为在这一过程中凶手和受害者是一体的。

于是，在人类的历史上，各种致命的暴力形式越来越相似，术语混杂，角色融合（核以及污染和死亡的所有形式的共谋不可逆地开启了这种混乱），以至于在系统的逻辑运作中清除了同谋和受害者之间的任何分界线（正如在哲学和科学中，主体和客体之间的任何分界线被清除了），并给出了集体自杀的形象，在这种集体自杀中，责任的归属变得再次要不过了。

帕蒂：但是您所说的我们打破的这道门槛，似乎只是一个秘密的存在。我们将如何继续在您的世界里、在我们的世界里毫无妥协地生活？

鲍德里亚：唯一的例外是奇点。奇点是我所指的异常暴力的奇点，它与真实的暴力、与任何现实原则的暴力相对立。现实原则的暴力是一种根本性的暴力、一种根本性的欺骗。现在，这一体系生产出越来越多的现实、越来越多的社会、越来越多的政治、越来越多的性、越来越多的信息，等等。这是它自身特有的暴力。但与此同时，在同一过程中，它矛盾地生产出了越来越多的奇点（存在的奇点，不明的、顽固的、被排斥的力量的奇点，这种力量不需要体系存在，并且明确地被放逐在这一体系之外）。社会领域里的例子很说明问题。在不久的将来，这个领域将被完全建立起来，剩下的只有被排除在外的人。在完全一致的社会里，唯有反常的个体和非社会化的类别将成为多余的部分，他们甚至不会再与社会机制有任何关系，无论是辩证的还是其他方面的关系。这就是今天正在加速发生的事情。

随着社会场域的建立，有关“社会”的论述开始发挥影响，它将所有人（无家可归者、失业者、流浪者等，以及一切非社会化的类别逐一地）从这一游戏中驱赶出去。最终，社会场域里只剩下社会学家和社会工作者，对于他们来说，“社会”是他们从事交易的筹码，他们将被留下来与他们的对象博弈，虽然已经完全达到了目的，但现在却越发虚幻。回顾以往，可以看到，社会场域只是作为一个安置穷人的场所被发明出来，而如今穷人们甚至正逐渐被从那里赶出去，就像印第安人被逐出他们的栖息地一样，从而允许更高阶层将社会场域占为第二家园。一场奇怪的矛盾运动。在这场运动中，理想主义的、唯意志论的、专家的话语，三者之间越发不匹配，在这些话语中，不管想象中的解决方案如何，一切都变得越来越好，而真实（如果我敢用这个词的话）的事态则是一切变得越发糟糕。最令人不安的是，两者正以一种同样不可抗拒的动力，既矛盾又平行地发展着。繁荣的社会供给与加剧的消费排斥。教育的进步与心智的退化。或许，这里甚至不存在矛盾或扭曲，有的只是同一现象中的交织？这样的扭曲随处可见：有一天，欧洲的整合最终完成，根本不会再有国家存在；实际上，它的建构得益于不断的排除和吸纳。甚至到时可能会出现这样的情况，最终，当全球化已经完全成型、信息循环完美整合时，互联网上将不会再剩下任何人。这是完美的规则——唯有例外存在。这是完美的罪行：唯有受害者和共谋存在，没有凶手（我们在场的条件）。这是完美的社会场域：每个人都是“被排斥者”当中的一员。这是完美的交流（交流的迷狂）：没有人再跟其他任何人说话。

帕蒂：由于缺乏任何真正的身体暴力，所以您提倡一种解释的暴力。您接受这样的观点吗？

鲍德里亚：是的，存在一种解释的暴力，而且它是积极的：这就是分析的奇点。人们不得不对事实和证据施加暴力。系统地提出与政府和媒体甚至启蒙批评所认可的相反的假设是冒险的，因为批判性思维在这一状况下极其脆弱。无论如何，现实必须受到控制。真实是人们不必认同的。现实把自己强加为一种原则。而当今的世界如其本然，不是原则，也没有原则。它直面我们，我们也直面它。至于现实，它拥有基础，拥有原因和结果，拥有合理性——确实，这就是为什么它是一种连贯的幻觉。如果需要，你甚至可以通过实验来复制它。这就是正在以虚拟或虚拟现实的名义大规模进行的事情，因为虚拟原则是现实原则的逻辑延伸。

但是，不存在身处现实或把现实当作真实的问题。不存在赋予其合理性或合法性身份的问题。或更进一步，我们干脆舍弃合法性身份而进入非法状态。我们永远也不要忘记真实只是一种拟真，一种使世界及其表象的激进生成、激进幻觉变得规范而有序的模型；把任何内在的奇点——事件、存在或物的奇点——还原为现实的公分母。如果分析可能服务某种目的，那么它就要去复活这一内在的奇点，使所有被现实所模仿和再造之物重新发挥影响。它可能有助于复活克莱门特·罗塞特[1]所说的“白痴的超越”（idiotie transcendantale），这是真实的致命的奇点，而不是我们受困其中的这一平庸特质的奇点。

帕蒂：在《完美的罪行》[2]中，您一直在说技术不可能拥有好的最终目的，并且强调不可能存在减少世界的极端病态的问题。您同时还说，世界存有一个诡计，正如历史拥有诡计一样，一般来说，合理性和完美可能只是在执行它的非理性的裁决。您既谴责我们之前提及的认同趋势，又希望拯救的不是这一世界的某物，而是有关这一世界的激进幻觉的某物。我想深入一步。我能够看出这涉及一种讽刺、一条迂回的路径、一个不屈从于现实罪行和世界消

1 克莱门特·罗塞特（Clement Rosset，1939—2018），法国哲学家、作家。——中译者注

2 让·鲍德里亚，《完美的罪行》（Jean Baudrillard, *The Perfect Crime*, trans. Chris Turner, London: Verso, 1996）。——英译者注

失的方法，正如它是一个被认同的、被清楚定义的结果。但是，因为您使用了“世界的诡计”这一说法，您是通过怎样的生活来体验它的呢？

鲍德里亚：我认为，诡计、讽刺、幻觉、否定、可逆、双重和激进都不仅仅是主体或意识的激情或属性。我认为，所有这些性质都已融入事物，某种程度上，它们是客体的激情，世界与我们一起游戏，如同我们与它游戏一样。毫无疑问，它甚至拥有玩双重游戏的优势，因为一个缺乏欲望的世界的客体讽刺远远优于我们的欲望和我们的主体讽刺。这不是异化或某种形而上学的宿命，而是一场游戏和决斗。关键不在于设置一种反控思维（基于异化的思维总是如此）来抵制世界针对我们的“可耻”的冷漠。有两种方式可以用来观察我们的状况或命运。我们可以体验这一世界，包括我们的现代技术和图像的世界（因为我在这里所说的有关这一世界的一切，并不与作为精神和哲学抽象的世界相关，而是与我们目前的事件的世界相关），就异化、征用、决断和意志的丧失而言，它是一种消极的致命性，包括一种失败了的冒险的历史的致命性——这是惯用的批判性分析。或者我们可以认为有一种双重游戏正在进行：一方面，我们通过技术（也曾在相当长的时间里，通过语言、智识和许多其他东西）来控制世界；另一方面，我们可能在不知不觉中成为另一游戏的参与者（尽管我不知道什么才是这一游戏的赌注）。在任何情况下，我们都难以控制它。有一种类似秘密重现之物，有一种通过我们用来改变世界的技艺展示世界幻觉之物——结果呈现出一种讽刺的内涵。技术的讽刺在于，它的所谓的现实，它的显见的高水平表演，太炫目以致难真，这可以说是一个迷惑我们的欺骗性面纱、一种我们自己可能会不由自主表现出来的欺骗。我们的最基本、最原始的技术——语言，成为有关世界的决定性矛盾态度反作用于我们身上的场所。所以，在所有的技术和图像中，以及在表象中，我们不知道对象或世界是否在戏弄我们。就像思想一样，我们不知道我们在思考世界还是世界在思考我们。这就是幻觉的秘密。

帕蒂：难道不能说您是幻觉的编织者吗？

鲍德里亚：如果幻觉不是被理解为仿像或不真实，而是被理解为打破某一太广为人知、太似曾相识、太传统、太真实的世界的某物，那么我就是一个幻觉的标志者。这一奇特的原初的幻觉，源于失误、崩溃、瓦解、事物间的最小裂缝。这一幻觉与虚空相勾结，与濒临崩溃边缘的眩晕效果相勾结。对初始条件和动荡的影响保持敏感，也对最终的条件保持敏感。对最终的条件保持超级敏感，也就是说，对预言和“宿命”保持敏感，这是对事件保持激情的唯一方式——对目标和作为事件的命运保持激情，而不是对客观事实保持激情。

帕蒂：这种对外表和形式的恢复或戏弄，在您身上不会随着欲望一起消失吗？您说过：“死亡没有意义，你必须学会如何消失。”就以信息和新闻为例。您谴责信息，因为您相信它是总体性的，除了一致，它不会带来任何结果。人们无法学会使用信息吗？

鲍德里亚：我并不在意信息利用的好坏。我想看到的是信息场域如何指责自身，如何否认自身的原则，如何借助一种致命机制摧毁自身。它摧毁事件，然后摧毁作为事件的自身。它是一个巨大的零和活动。

帕蒂：让我们回到新闻和信息上来。我昨天在电视节目《历史信使》上观看了一部关于卢旺达历史的纪录片。[1]我们知道，在过去的10年里，关于地缘政治问题的纪录片越来越多，而且这些纪录片使有关当前冲突的真正辩论得以延续。多亏了这样的方式，地图上所呈现的力量领域相对之前来说更便于我们了解了。在寻找重新确定信息和新闻系统的宿命机制时，您不想让读者更好地理解世界上正在发生的事情吗？

鲍德里亚：悲观地说，今天世界上正在发生的就是全球化。信息的全球化原则违背了统一性的普遍性原则。它这样做是因为信息本身已经耗尽了自己，吸收了自己的目

1 《历史信使》(Les Mercredis de l'histoire)是德法公共电视台(Arte)每周播放的政治纪录片节目。这里提到的是吕克·德·豪胥的《一个疯狂的共和国·卢旺达，1894—1994》(Une République devenue folle: Rwanda, 1894—1994)，播放时间为1996年6月12日。——英译者注

的。电视只是在说：我就是图像，一切都是图像。互联网和计算机只是在说：我就是信息，一切都是信息。这是一个让自己成为标志的符号，一个给自己打广告的媒介。信息无关紧要：它是零度，是纯粹的交流形式。所有这一切都预设了当前政治的意义，因为正是在媒介、内容、意涵和价值的基础上，普遍性被建立起来。全球化建立在媒介霸权和信息中性的基础之上。“独一无二”[1]是一种“媒介”-思维：市场、互联网、信息高速路——不间断地流通。全球一体化是在信息无效的基础上实现的，这是有关信息（意义、理念、意识形态）的最低限度的定义。这是一种言之无物、意指稀缺的媒介；这是一种与无意义、与操控世界的平庸的共存共荣的媒介。因此，媒介和信息很久以前就打破了“非真即假”的壁垒，因为它们中的一切都依赖于即时的可信度，一旦进入媒介本身，也就取消了参照的索引和真实。这种真和假之间的区分的缺乏，是从入侵所有储存器开始的：艺术审美的储存器、客观历史的储存器、记忆历史的储存器、观点政治的储存器，甚至科学证

1　参见第 20 页注释 1。——英译者注

据的储存器（如同雅克·本维尼斯特的有关水之记忆的实验[1]的非确定性一样）。

如果不再有真有假，谎言就变得不再可能，随之而来，一切都会变为扭曲和诱惑的诡计。无论喜欢与否，我们都处于不可知论者的地位。这不是一个相信或不相信的问题，因为一切都在制造信任，而且完全被这种可信效应所消耗。民意调查和广告既不真实也不虚假，正如时尚既不美丽也不丑陋。真实效果、美丽效果，等等，已经脱离它们的束缚，变成了统计和随机。

在分形空间里（但就像在历史空间里的今天），事物不再是一维、两维或三维的，它们在间隙中漂浮。你发布一条新闻，只要没有被否定，它就貌似真实。除非发生意外，否则它永远不会被实时否认。即使后来被否认了，它也不会是绝对虚假，因为它曾经享有信誉。与真实不同，

1 鲍德里亚近年来一再提及"水有记忆"事件。参见让·鲍德里亚，《终结的幻觉》（Jean Baudrillard, *The Illusion of the End*, trans. Chris Turner, Cambridge: Polity, 1994, pp. 30-31）。——英译者注（译按：法国科学家雅克·本维尼斯特 [Jacques Benveniste] 于 1988 年 6 月在《自然》[*Nature*] 杂志上发表了一篇令人吃惊的文章，表明"水有记忆"。这一研究成果立即在科技界引起了轩然大波。他的实验说明曾溶于水的物质可将其自身的特性传递给水本身，即使水中不再有这种成分，特性仍可保留。）

可信度是不可否认的，因为它是虚拟的。我们处于一种分形的真实中：正如分形的物体不再只有一维或二维，而是具有 1 ~ 2 或 2 ~ 3 维，因此一个事件不再是真的或假的，而是 1 ~ 2 和 2 ~ 3 维的八度真实间的振荡。真和假之间的空间不再是一个关系空间，而是一个随机分布的空间。

帕蒂：分形的真实将把我们引向何处?

鲍德里亚：这一维度的转移导致了责任的转移。责任并没有消亡：它已经变成了病毒。真相并没有消亡，它已经变成了病毒，且难以捉摸——疾病本身已经变成了病毒。甚至性，它今天漂浮在一个奇怪的间隙维度，既不是男性，也不是女性，而是在两性之间的某处：1.2 ~ 1.7。性不再有任何定义。因此，严格地说，不再有任何性的差异。这一非确定性原则处于性生活的核心位置，正如它处于所有价值系统的核心位置一样。

从两极对立中解放出来，每个人都可以增强自己的能力，并且扩大自己的影响。真实变得比真实更真实，虚假变得比虚假更虚假。甚至非真非假——零度、无意义——

也可以在荷兰式的减价拍卖[1]中具有更大的能量，平庸被提升到X级能量，这是每天都可以在艺术、政治的话语中得到验证的，媚俗和胡说八道的加剧，诸对立的价值术语之间在逻辑上的不加区分，这一切都反映在我们自身的冷漠当中，反映在我们自身的情感、心理、政治的冷漠当中——这种冷漠因陷入自身的游戏而加剧，最终导致了一种冷漠的狂热。这种冷漠变成了一种集体病毒、一种可能导致暴力后果的狂热行为，比如通常意义上的激情的后果，它是如此的真实，以至于冷漠可能会变得越发严重，以至于无物能忘乎所以，以至于虚空的事物会更强烈，这甚至可以说是驱使我们平庸的原因。

例如，信息比真实更真实，它是实时的真实，这就是为什么它根本上是不确定的。在这种不确定性中，它是过分肯定的产物，唯一致命的反应就是拒绝。作为信息过剩、道德过剩、世界合理性过剩的结果，唯有恶是确定的，善

1 “荷兰式拍卖”亦称“减价式拍卖”，是一种特殊的拍卖形式。通常从高价位开始竞拍，如果高价位没有人竞价，价格就以事先确定的数量等级依次下降，直到有竞买人愿意接受为止。如果有两个或两个以上竞价人同时应价，则转而进入增价拍卖形式。——中译者注

从未确定过。唯有假是确定的，真从未确定过。在价值的模棱两可中，最终胜出的总是假。这是我们对抗非确定性、对抗真理标准消失的唯一手段。比如，当审美区分的标准消失时（在对当前艺术的欣赏中），一切都转移到了本真或虚假的问题上。本真性，一件艺术品的签名，最终赢过了它的价值；一切变得以专家评价为中心，自然地，这一对本真性的迷信般的追求成了市场价值的基础，成了失去限制的投机的基础。与此同时，市场动荡的规律成为审美价值的标准。当我们谈论真实时，虚假已经真正地胜出了。当我们谈论（产品等事物的“真实”的）道德时，非道德已经真正地胜出了。当我们说起人权时……

帕蒂：不稳定并不必然意味着放弃。自赫尔岑[1]起，在所有人类问题“最终获得解决”的可能性中，对信仰的谴责——正如塔吉耶夫[2]在《反种族主义的终结》（*Les*

1　亚历山大·赫尔岑（Alexander Herzen, 1812—1870），俄国哲学家、作家、革命家。——中译者注

2　皮埃尔 – 安德烈 · 塔吉耶夫（Pierre-André Taguieff，1946—），法国历史学家。——中译者注

Fins de l'anti-racisme）中所表明的那样——一直是我们的政治文化的一个组成部分。

鲍德里亚：这种渗透，这种对所有价值的污染，是普遍存在的。即使在历史领域，客观性也可能被病毒所污染，如今这种病毒使得人们有可能对毒气室的现实表示怀疑。即使这种怀疑被激烈地否定，它也会影响到心理，这是以前不可想象的事情。电脑病毒预示了所有信息的虚拟的不稳定性，正如其他病毒预示了性生活的不稳定性一样。政治生活的不稳定性：在缺乏选择和意见标准的情况下，想象（或表征政治想象的概率屏幕）被民意调查数据所控制。经济的不稳定性：通过一种恶化的拟真——资本流动的拟真，非实体的投机经济代替了实体经济，从而覆盖或贬低了实体经济。在这里，虚拟经济既不真也不假，没有对立面。正是由于否定自身的规则和目的，它才变得无懈可击，变得抑制实体经济，变得完全自主。但是，它并不能抵御它所产生的病毒，作为一种彻底的自给自足、"超经济的"免疫力的结果，它正在获得自身的免疫，从而成为另一种病理学的牺牲品。

人们尽一切努力保护自己免受这一获胜的不确定性的影响，这种不确定性宣告了虚假的透明性，正如善恶的渗透宣告了恶的透明性一样。这种透明性采用一切可资利用的手段，恢复了事实、证据、起源、参照的可信度范式。如果思想上的利害关系消失了，那么回到客观就变得至关重要，就像亲子关系诉讼一样。因此，对真实、核验、证据、澄清和客观的可重复性的强制性追求，占据了每一个领域。很明显，在以任何其他方式而不是通过历史来面对这种不确定性时，思想是脆弱的。令人悲观的是，甚至历史也让我们变得虚假，甚至今天的历史也成了不确定性的一部分。不确定性带来了一场在检测手段和伪造手段之间，在病毒传播和保护措施之间（在艺术、信用卡、计算、思想保护之中，也包括在性方面，我们所有人现在都有责任进行艾滋病筛查——一种对可信度进行普遍检测的拓展）的疯狂竞赛，一场追逐赛。这就是我们新的原罪，它与另一种关于善恶知识原则的罪恶相反。那种罪恶归根结底是来自天堂的祝福，它让我们成为人类，而对我们的诅咒则在于无法区分善与恶、真与假。亚当和夏娃陷入了区分的道德焦虑，我们陷入了不道德的恐慌，陷入了混淆所有标准的恐慌。善被恶玷污，反之亦然。病毒就是这种情况的症候。我们因为无法区分价值观而进入病毒时代，这就如同我们的祖先因误识善恶而被逐出伊甸园。

考虑到免疫力的丧失，所有致命的感染都等候着我们，所有原始场景中的罪孽都在重现，所有潜伏在我们细胞里的病毒都在危机发生时被唤醒！面对价值的分崩离析，面对价值传播的碎片化，我们无能为力。这比我们良心上所负担的古代道德责任要严重得多。

第二部分

寻找失去的形式

第一章　美国，美国……

帕蒂：重读《美国》（*Amérique*, 1986），您的方法与萨特在《情境》（*Situations*）里谈论纽约的方法的相似之处吸引了我。您对美国的观察是建立在与他相同的视角之上的。萨特在他的文本中将巴黎低矮、沉重的天空与纽约未受束缚的天空、狭窄的街道和宽阔的大路——欧洲的城市和美国的城市——进行了对比，您也以这样一种方式比较了欧洲的文明社会和美国的原始社会。您写《美国》的愿望是不是源于对老欧洲的厌倦？您是否觉得有必要像萨特一样，与它彻底决裂，使自己沉浸在美国的沙漠中，以便获得哪怕一点点的新生？您对罗斯福的这片土地还保有同样的敬意吗？

鲍德里亚：我写美国是从这一点开始的，即不是要把我自己与美国分离开来，而是要周游美国。以旅行开启写作。这与比较美国与欧洲的愿望无关。我并未受到过历史或文化比较的诱惑。我所观察的是另外一个场景、一个原初的场景。在《美国》里，我并不想了解美国的实体或本质，而是在寻找另外一个世界。对我来说，这是一个他者，或一种魅力。它不是那种吸引我的政治或经济现实，而是那种新大陆的平庸特征的变形——不是新的地理意义上的，而是心理上的。我曾经在电影银幕上体验过它，正如它所是的那样，我几乎是实验性地假设了一个没有历史的国家。

帕蒂：当您开始写作《美国》的时候，您正在圣巴巴拉教书？

鲍德里亚：那时我在圣巴巴拉的执教快要结束了。这一切都始于 1970 年的一次国际设计大会，然后是去到了纽约和加利福尼亚。我在圣地亚哥教过一段时间书，后来在洛杉矶呆了 3 个月。那是一段大开眼界的日子。1975 年，我获得了一个职位，但是我从未想过在那里居住下来。那意味着要承担很大的责任，而我某种意义上想过无拘无束的生活。一旦你陷入校园深处的美国……我在圣地亚哥时，利奥塔（Lyotard）、马兰[1]和德·塞托[2]也都在那里。那是一段美好的时光。

帕蒂：您在圣地亚哥时是否发现了美国学生和南特学生之间的不同？

鲍德里亚：确实如此。我是带着这样一个想法到那里去的，即加利福尼亚是一个拟真的实验场，当然那里的实验面并没有沙漠那么大。至于社会和大学生活，与南特不同，我们刚刚经历过一段极其特殊的日子，一个文化的、意识形态的和政治解放的暴力阶段，而美国却有着一种轻松自在的生活方式，似乎解放已成为遥远的过去。你会有超越了那种持久的革命的切身感受，那场革命始终是意识形态和乌托邦的，并且从未实现过。在美国，它变成了现实——当然，变成了超现实：这是一个悖论。美国学生极

1　雅克·马兰（Jacques Marin，1919—2001），法国电影演员。代表作品有《冷暖心声冷暖情》《野战雄狮》《非洲怒豹》等。——中译者注

2　米歇尔·德·塞托（Michel de Certeau，1925—1986），法国历史哲学家，后现代文化理论家。其日常生活实践美学在西方有广泛的影响。——中译者注

具意愿，但是他们对仿像话语了解不多。在某种意义上，他们是仿像话语的表征，但自身从未分析过这种话语。我曾对它做过一条空灵的评论，有点外星人的意味。我就是这样一个有点像外星人的人。尽管存在这样的差异，但一切都很顺利。无论如何，一有空的话，我就会去沙漠。对我来说，那才是真实的场景。

帕蒂：您的这本书以沙漠开启，又通过写作回到了意义毁灭的主题。是沙漠引发了这一对意义死亡的追寻吗？

鲍德里亚：是的。这是一个无限的视角、一种弃绝世界的极端形式，它不只是自然的状态。它也不是文化。它甚至是一种最激进的反文化形式、一种扫除一切文化上层建筑的方式：一种超空间、一种物体和意义的零度、一种心理地质学。这不是我跟随其后的印第安人，这是一片被速度、飞机、汽车、热量、表面射线、物理和形而上学赋予了韵律的沙漠。

帕蒂：这样的实验领域把您引入了神秘主义。这让我想起了迈斯特·埃克哈特[1]的神秘主义和“极端的冷漠”的说法。您写道：“沙漠，非人类智慧的、极端的冷漠的网状物，如同发光的化石——这一冷漠不仅是天空的冷漠，也是地质变迁的冷漠，空间和时间的形而上学激情在此结晶。”[2]如果我们要呈现这一极端的冷漠，那么这会是一个我们在莱茵神秘主义者和一些现代思想家身上再次发现的主题。人们的印象是，这一主题贯穿了您的整个思想。我不会说有一种冷漠的意志，但至少有一种对这种极端的冷漠的追求。

鲍德里亚：这是对我所谓的自命不凡的差异、自命不凡的欧洲文化的反应，这种文化建立在各种区隔之上，包括道德观之间的区隔。借助客体和仿像，我已经开始漠视善恶。不是主体的冷漠，而是世界的客体的冷漠，在这个纯符号的即沙漠的世界里，主体无足轻重。事实上，我们并没有远离某些放弃世界的神秘形式，只不过在这一情况

1　迈斯特·埃克哈特（Meister Eckhart，1260—1327），德国神学家。——中译者注

2　让·鲍德里亚，《美国》（Jean Baudrillard, *America*, trans. Chris Turner, London: Verso, 1998, p. 6）。——英译者注

下，它不是超越的问题，而是世界本身的问题，是世界的绝对自证的问题。沙漠就是一个陷阱、一个空间的陷阱、一个表象的陷阱。所有价值和心理范畴都落入了这一陷阱，并且自动消解自身。在文明的世界里，如果你想开启某种自由的思考，那么你必须做出极大的努力。你会立即发现自己无法逾越差异和文化之墙，而在那里，我可能会消失在世界的冷漠中。

帕蒂：冷漠与超越的悬置同时存在。或许还有另一个词可以帮助我们理解您的方法，那就是“内在”。您更倾向于内在而不是超越。

鲍德里亚：是的，我采取这样一种立场——不是现象学还原，而几乎是事物的现象还原。实际上，你永远无法逃避超越，就像你无法逃避话语一样，只不过在某一特定的时刻，光线会发生变化，甚至思想会像不明物体一样在风景中一掠而过。一切都会恢复到它原初的自证中，恢复到纯事件的性质中——这就是内在，但也可以说它一直保留着超越的性质和能量。

帕蒂：德勒兹有过“内在的超验”一说。

鲍德里亚：超越总是需要否定或超出自身，如何才能超出自身而不是进入内在？的确，那里存有牺牲的成分——超越的快乐的牺牲。但是，美国人无论如何都不会接受这一对他们形象的颠倒，不会接受把他们视为非人小说中的非我族类。他们不能容忍被视为原始社会。对我来说，这却是一种褒扬、一个伟大的灵感的标志。我相信我与某种深度美国之外的东西相契合，与现代世界的“原始的”自证相契合。对于我们来说，所有的一切都是哲学化的——甚至所有的一切都在赞许表象以对抗深度……所有尼采式的主题都在哲学意义上被体验。在那里，就连理论也再次变成一种虚构。

帕蒂：您在那边读过美国文学吗？

鲍德里亚：我读过的美国小说多于法国小说，更不用说电影了。关键在于虚构和日常生活的界线不见了。在那里，文学和电影，甚至荧屏的虚构，都成为这片大陆的一部分。这是一个我从未有过乡愁的国家，在我游历这个国家的所有时间里，我从未怀念过欧洲。

帕蒂：这种轻松的生活状态印证了您所说的话。身心的单纯，习得而非赢得的自由。当您体验到这一身体的轻松自在时，您如何看待它？是一种童年的延续吗？

鲍德里亚：这是一种出神状态，类似于冷漠，不是对意义的否定或摒弃，而是对由语言和景观的多样性、由空间的可用性构成的差异的"超越"。这是单一的、无处不在的自由，这种解放不再与你自己的形象格格不入。自由与其说是哲学上的，不如说是空间上的，是一种流动的解放，是一种身体和运动的解放。这是一种及物的解放，它与事物的加速循环联系在一起。城市和个体也是如此。一旦你摆脱大学的束缚，无论是在纽约还是在洛杉矶，你就会拥有个人生活的全貌。你可以透过他们平庸的透明性来解释他们的全部存在。对我们来说，这种透明性是忧郁和沮丧的。在那里，它最终会成为一个事件。所有对我们不利的因素和条件，都会以纯真和赋予它们自然现象潜力的方式被再生出来。平庸也是一片沙漠，你可以像穿越我们的现象世界的外部空间一样穿越它。对我们来说，自由是需要在社会场域中通过冲突和妥协去获取的事物。在那里，你会有这样的印象，即对于每一个人来说自由太多了——它甚至成为问题——但是，当乌托邦实现时，你至少可以轻而易举地享用它。

帕蒂：这难道不是一种权力的纯真吗？不是一种只因权力而生的随意性吗？

鲍德里亚：当然，你可以用全球化的特权来表达这一点。美国为自己提供了一种作为原始社会的奢侈，提供了一种享用非道德的权力和纯真的奢侈，这一点毫无疑问。你可以让自己以同样的方式享受美国的奢侈，忘记权力关系，过上虚境般的奢侈生活。在美国，同样存在着暴力和矛盾，但正是它们的过度曝光制造出了不同。这是一种在真实和比真实更真实之间的区别，一种在平庸和比平庸更平庸之间的区别，一种在暴力和比暴力更暴力之间的区别，甚至包括臃肿，一种比胖更胖。甚至那里的商业都是表演，资本主义变成了奇观；它在疯狂的投机中超出自身，而我们只为自己提供了令人蒙羞的现代的和政治的喜剧。

帕蒂：您强调美国的平庸。您在书里专门谈到过托克维尔（Tocqueville）。您把他推向他自身的逻辑终点，这样写道："在平等、平庸和冷漠的难以遏制的发展中，这一世界表现得绝妙无比。"[1] 这里的平等属于托克维尔，而平庸和冷漠则是属于您的？

鲍德里亚：托克维尔已经对这种民主的侵蚀有所分析。正是因为人们已经充分个体化，并在法律面前获得了平等，彼此之间才变得冷漠。

帕蒂：您有关托克维尔的观点导向了这样一个看法，即美国已经成了一个政治意识形态终结的国家。美国人的这种历史的纯真是对欧洲的抵制吗？

1 让·鲍德里亚，《美国》(Jean Baudrillard, *America*, p. 89)。——英译者注

鲍德里亚：我想说，我没有选取通往阿比西尼亚的路，而选取了通往加利福尼亚的路。你必须离开欧洲，离开那个恰好遭遇的国家。除了回忆，没有任何缘分。我本可以在其他地方落脚。当然，总是存在一种把美国当作“先锋”的想象驱力。但是，最要紧的是摆脱欧洲的形而上学，远离怀旧的文化和历史。逃到一个我们的历史既可以被抹去又可以倍增的地方。在极端、赘生和怪异中延续欧洲的命运。探寻种族的终结，探寻历史驱力的终结。渗透到一种非文化中去，这种非文化既是对欧洲文化的戏仿，又是对欧洲文化的挫败——透过“被发现”检验出它的所是。

他们拥有原初性，我们则一无所有。欧洲的殖民主义已经将其消耗殆尽，它永不可能恢复。人们可以很容易地看到，重构的想法甚至是多么愚蠢。欧洲已经在它的殖民世界中进行了自我剥夺，这些殖民世界拥有了自主性，以及与此相关的过时文化、权力世界、科幻领域。我本想当一个17世纪加利福尼亚的或16世纪巴拉圭的耶稣会教士，接近原初的事件，接近文化和人类学的事件，这些事件永远不再会发生了（除非世界上的其他地方对西方社会做出强烈反应）。或许，19世纪的勇敢的人类学家们还发现了一点蛛丝马迹。这就是美国对我的意义。拉丁美洲也可能如此，但是需要比我更多的想象力。

帕蒂：您是指拉斯·卡萨斯[1]与印第安人的遭遇吗？

鲍德里亚：不会再有那样的人类学震惊了。唯一的对等物将是我们以同样的方式遭遇不同于人类的物种。此外，那次事件的冲击波还没有完全释放出来，从长远来看，我们或许会非常微妙地看到博尔赫斯所谓的“镜像种族”[2]的报复。

帕蒂：人们得到的印象是，您认为不会再有活着的欧洲文化了。

---

1 巴托洛梅·德拉斯·卡萨斯（Bartolomé de las Casas，1474—1566），西班牙多明我会教士。他的著作《西印度毁灭述略》是揭示西班牙殖民者种种暴行的重要文献。——中译者注

2 豪尔赫·路易斯·博尔赫斯，《镜中动物志》，见《想象的动物》（Jorge Luis Borges, “Fauna of Mirrors ” , in *The Book of Imaginary Beings*, Harmondsworth: Penguin, 1974, pp. 67-8）。——英译者注

鲍德里亚：没错，这里存在一种与身边文化决裂的倾向，以及一种持续增加的对法国和欧洲社会（尤其是在它当前的趋势下）的反感。但是，我很早就在知识上做出了这样的选择。在观念的层面，我实施了象征性谋杀，制造了脐带的断裂。从源头上说，总有这样一种野蛮的、非理性的冲动，否定身边的事物（包括现实的世界），为的是远走他乡——让事物趋于终结，为的是多看看外面的世界。

帕蒂：美国是您所说的超政治的跳板吗？

鲍德里亚：的确，在那里甚至不存在像欧洲一样的政治革命的概念。从一开始，你就进入了媒介和荧屏的超政治场域，无论幸运与否，它都会使你从社会现实中解脱出来。你可以思考自己到底是否喜欢这样的媒介霸权，但至少它构造了一种总体的社会事实。而在我们的传统世界里，我们保留着对信息的情感崇拜。意识形态的、政治的、心理的或文化的信息无处不在。在我们告白式的电视真人秀里，每个人都在上演他们的电视悲喜剧。只有存在的困顿才会被搬上媒介。实际上，电视已经被作为媒介牺牲掉了，被牺牲为一种现实主义、一种现实主义的平庸的信息。更有甚者，如果媒介会破坏信息和意义，那么信息反过来也会破坏媒介的权威——使媒介不再拥有意义。所有这一切都湮没于含混的文化形式中。在美国，印象里我遭遇过处于潜能和原始状态中的媒介。

帕蒂：自那些年以来，您的美国发生过什么改变吗？

鲍德里亚：美国已经发生改变了，但事实上它仍然是一个不受约束的多元文化发挥作用的场域。比起找到一种按部就班地让每个人都和解的方法，这一点似乎更令我感兴趣。这样说吧，当我认识美国时，它还是一个特殊、原初之物。而现在的美国无处不在——可以说，通过媒介注入——弥漫到所有维度和所有国度。你现在进入的是一个全球输液形式中的美国。

帕蒂：那么，东欧、高加索地区和俄罗斯呢？您从未打算去那些地方吗？

鲍德里亚：我无法预见我将做出怎样的调整去面对另一世界。拉丁美洲很迷人。它给人的深刻印象是不用去管那些政治的、经济的或社会的现实原则。今天，当所有这些原则完全混乱时，这绝对是一个优势。所以，一些被称为欠发达的大国，可能具有先导性，因为它们跳过了当下我们深陷其中的所有的现代性阶段。也许，最好不要去经历那种政治的、经济的或社会的镜像阶段，一个使民主进化论陷入困境的镜像阶段。无论如何，语言、种族和宗教的混杂留给世界的是不断融合的印象，而不像我们自己一样依赖输液。至于东欧国家，它们无疑正在经历“衰退”的历史，这种历史忏悔比我们所经历的来得更甚。在我们面前的是整个 20 世纪的俄罗斯，它把自身的是非曲直弄得面目全非，比起当下的俄罗斯，那时的记忆的反作用力更暴力、更具历史感。因此，尽管混乱和困惑甚为流行，但是它拥有比我们更为激进的处境。

帕蒂：然而您选择留在法国？

鲍德里亚：这是一个不由自主的选择，出于惯性。我是欧洲人嘛。我注定要面对一种客观的、历史的虚无主义。你被迫向自己承认，在这个社会里，你所能做的或说的任何激进的事情，都会成为这个堕落社会的激进性。除了关涉这一社会的特定时刻，你没有任何其他的真相要说。再也没有可以从内心被征服的自由了，更不会有什么可以从内心被征服的事情了。最好是进入另一世界，进入一个不再需要你存在的激进的他者，一个美国作为隐喻的他者。

帕蒂：“相对于欧洲式分析的忧郁”……美国在您眼里仍是已经实现了乌托邦的土地吗？

鲍德里亚：美国仍然存在某种已经实现了乌托邦的过度且神奇的悖论。无须幻觉，那是一个已经实现了平庸的乌托邦，也因此是一个事事等值和命运均等的乌托邦。但是，这一切——我们在任何情况下难逃现代性宿命，只拥有其沮丧的一面——已经被美国人提升为事件了。确切地说，这也许是历史终结的事件，或换言之，与福山的断言不同，它实难完成。

帕蒂：关于美国的最后一个问题。因为您刚从那边归来，您还认同您书中的那一段话吗？您写道："对我来说，不存在一个真实的美国。我只要求美国人做美国人。我不认为他们聪明、敏锐、有创意。我只要求他们居住在一个与我的空间不相称的空间中，对我来说，这一空间是最高的恒星点，是最完美的轨道空间。"[1]

鲍德里亚：是的。

1　让·鲍德里亚，《美国》（Jean Baudrillard, *America*, p. 28）。——英译者注

第二章　“照片很美，但你不能这么说……”

帕蒂：阅读您的有关摄影的文字，人们会有这样的感觉，您在重现 19 世纪有关摄影艺术的激烈争论。我想到安格尔[1]的一个说法：“照片很美，但你不能这么说……”还有瓦尔特·本雅明说过，“如果不首先好奇摄影的发明是否尚未彻底颠覆艺术的基本性质”，那么您就无从检讨摄影。您似乎把这一方法用作了自己的方法。您反对的不是有太多的摄影，而是把摄影变为图像，就像我们已经讨论过的把艺术变为画廊作品一样。这一点让我想起了安格尔的评论。

鲍德里亚：的确，摄影中有一个要保留的秘密。我是作为一个未受专业训练的时断时续的拍照者和使用者这样说的。我所不满的是摄影的审美化，这种图像已变成绘

1　让·奥古斯特·多米尼克·安格尔（Jean Auguste Dominique Ingres，1780—1867），法国画家，法国新古典主义的旗手。——中译者注

画艺术，落入了文化的深渊。摄影图像本带有机械性质，与审美无关。就此而言，它成就了我们的再现模式的重大革命。摄影的介入使艺术本身在图像上的审美独断深受质疑。现在，艺术吞噬了摄影而不是相反（它为此付出了惨痛代价，因为它已经逐渐消解了自身的性质）。摄影来自别处，它必须存留在那里。它属于另一种无时间性传统的一部分，恰当地说，它不是审美的，它来自贯穿艺术史的透视（trompe-l'œil）传统，但无涉其中的曲折变化。透视属于世界的自证，强调细节相似，表面上看它确实是现实的（实际上它是魔幻的）。它保持了图像的魔幻特征。至于艺术，它在经历了从神圣到审美的过程之后，实现了美的普遍性，从而身陷审美而不能自拔。现在，图像人类学之力完全站在了宽泛意义上的再现的对立面，站在了一切现实主义视角的对立面——它保持了某种有关世界的激进的幻觉。

因此，摄影是一种本能形式，不可简化为事物的审美化，而是要联系于事物的表象、事物的自证——当然，这是一种自欺式自证。它与被强加于自身的双重目的——现实主义或审美主义——格格不入。对我来说，摄影图像在今天之所以还可信赖，与其说是因为其性质或内容，不如说是因为其纯粹的魅力。它更接近原点，并遭受再现的磨难。凭借非现实主义手法的运用，凭借它的精准剪切，凭借绝对静止、沉默、色彩和运动的现象学还原，它成为最纯粹和最人工化的图像。它不美，与美相去甚远。正因为如此，它假定世界充满了客体的力量，不再为美学原则留下任何余地。所以，我看好这一内在于客体的拜物教游戏，这一技术目的与客体潜力之间的聚合。摄影术是一种反射，是一种世界自证的自动书写——一种无须任何证据的自证。

帕蒂：对您来说，摄影是一种原始艺术、一种野蛮艺术。您说："所有其他形式的图像，远谈不上进步，或许仅是一种在纯粹图像与真实断裂后的退化形式。"在这篇关于摄影艺术的原始性和麻木状态的文本的后面部分，若您选取的文学参考文献只涉及贡布罗维奇[1]和纳博科夫（Nabokov），也绝非偶然。

1　维托尔德·贡布罗维奇（Witold Gombrowicz, 1904—1969），波兰著名小说家、剧作家。——中译者注

鲍德里亚：这是因为他们所表现的东西已经超出了文学、美学和任何宽泛意义上的文化维度。我想说，这就如同艺术领域里的培根[1]，有影响力的作品不再假扮艺术、审美和文化。在思想领域，它们也不再假扮观念、解释和意义。

说回摄影。摄影技术给予照片非凡的图像特质。正是通过技术，我们的世界把自身表现为激进的非客观性。悖论在于，照相机的客观镜头揭示世界的非客观性，哪怕是微不足道的非客观性之物都无法借助分析或相似来加以决断。摄影借助技术手段把我们带出相似性，抵达现实幻觉的中心。在这样做的过程中，它也改变了我们对技术的看法。我们在这里采用了超越道德或哲学的对“异化”技术加以排斥的观点，把“异化”技术当作双重游戏的策略性场所、幻觉和形式的放大镜。从这一视角出发，问题变成：到底是我们在思考世界，还是世界在思考我们？正是物体在透过摄影观看、思考我们。至少，如果摄影还没有退化到审美实践的水平的话，情况就该如此。

1　弗朗西斯·培根（Francis Bacon，1909—1992），英国画家。——中译者注

帕蒂：这一点让我想起西蒙东[1]所设想的人与机器的关系。他区分了技艺和技术。今天，技艺的诋毁者经常混淆技艺与技术。西蒙东所说的技术个体和技术文化是可能的，我们在马雷[2]和其他人那里看到了人与机器之间强有力的互动。在成为一种障碍或灵丹妙药之前，机器首先是一种对人的挑战。

鲍德里亚：技术装置和世界既是决斗关系，也是共谋关系（一个暗指另一个）。摄影（当然不仅仅是摄影）可以说是一种滑向共谋的艺术——不是要控制这一过程，而是要把玩这一过程，表明成规不是不可改变的。整个技艺就是这样的吧？无论如何，这是一个扭转传统观念的方法。

帕蒂：摄影是客体，客体观看我们，而不是我们观看客体。您是如何从摄影的技术视点移向超美学视点的？

1　吉尔伯特·西蒙东（Gilbert Simondon,1924—1989），法国哲学家。——中译者注

2　艾蒂安－朱尔·马雷（Étienne-Jules Marey，1830—1904），法国科学家，摄影先驱之一。——中译者注

鲍德里亚：我不喜欢一种基于客体的倒置的美学。我并不想说客体实施了控制。在这里，把事物扭转过来意味着使客体成为主体缺席和消失的场所，而主体的在场和再现是被强加到客体之上的。所以，这意味着把客体呈现为一种不可分解的自证。事实上，拍摄的“对象”可以是一种情境、一束光线或一个活物。关键在于，它应该具有一种纯事件或客体的力量，而要做到这一点，主体必须全身而退。那种超完美设计的再现机制，不得不分崩离析。客体的强势地位使再现的场景成为泡影（当然，所有道德和哲学的辩证法都与其相关）。这是一种镜像的倒置。迄今为止，主体都是再现的镜子，客体仅仅是它的内容。这一回，客体却说“我要成为你的镜子”，也就是说，“我（们）将是你最喜欢的消失行为”。主体失去了解释的垄断。或更有甚者，任何解释都不再可能。当客体不言不语、无念无欲之时，世界原貌不受影响，这样的力量无法在评论和解释中加以提炼或协调。为了控制客体，主体不得不放松对自身的束缚，但这也令主体踏上了最后的冒险，这是主体最后进行自我剥夺——不是在传统的异化中的而是在他占据的世界的反响中的自我剥夺——的机会。从现在起，主体占据的世界是一个再现的盲区。就客体而言，它拥有了更强的行动能力，因为它不用穿过镜像，不必再去处理图像、身份或相似性。客体嘲笑所有这些主体目前深陷其中的问题，就像它嘲笑欲望一样（性“对象”也是如此）。如果有人设法捕捉这一客体的不同和特异之处，那么世界已然改变——不仅在现实中，而且在超越了它的现实原则的地方。

帕蒂：您说过客体也要充当被拍摄的主体。在一篇关于英雄时代的摄影的文章中，您认为主体拥有死者的地位。而如今在您的眼里，虚无已经从图像中、从摄影中消失了。这就是为什么不再有摄影艺术的原因吗？

鲍德里亚：有关死亡之事，无非是指在摄影图像的中心，存有一种虚无、缺场、非现实的性质，这一图像中心的虚无赋予图像以魔力。而这一虚无，以所有可能的手段，通过借用参照和赋意等各种方式使照片达到饱和，被驱逐了。大量的摄影报道和画廊充斥着目击者的描述、审美或煽情的感动、刻板的印象。图像极力将卖淫转化成它所表达的意义，图像被它的内容所挟持。在我们丰富的图像中，死亡和暴力无处不在，但是一种病态的、意识形态的、惊人的死亡。相比之下，巴特所谓的“刺点”，一个缺席之点，也即处于图像中心、赋予图像力量的虚无，不再存在。对我来说，这似乎是一个错误，即使从信息角度看也是如此，因为，如果我们去除图像的这种特殊性，去除这一给予其潜力的象征性空白，那么世界上的任何不幸或暴力都不会侵害我们。这就是为什么拍摄人，拍摄活生生的人是如此困难，因为他们自己被意义所控制，几乎很难将意义弃之一边而去发现他们缺场的秘密形式。

帕蒂：您能澄清一下这里所说的秘密的他者是什么意思吗？因为许多作者都谈到过这类秘密，从最强调心理的——比如纪德——到最弱化心理的，比如德勒兹。有时很难理解这一切对他们来说意味着什么。您所说的秘密的他者所指何意？这就是您为什么不喜欢摄影师的原因吗？当他们为您拍肖像时，会试着用闲聊的方式让您放松。

鲍德里亚：是的。因为这完全是一个心理上的误解，他们认为自己正在揭开你的隐秘身份。只有糟糕的演员才会认同他们的角色。他们尝试利用露骨的把戏来揭示一个人或一副面孔的真相。现在，抓拍人的特异之处就是要抓拍他自身无法掌控之处，就是要抓拍他试图逃避你的抓拍的方式。每个人毫无疑问都是意志和欲望的在场，但神秘的是，他们的决断和思想来自别处。这种非常奇特的互动就是他们的根源所在。它既不在自我认知的镜像里，也不在试图识别他们的镜头里。这永远是一个相似性陷阱。当图像知道如何保守自身的秘密时（这一点也适用于电影和绘画），它的引人入胜之处在于，它开始蔑视所有的相似性，从他处寻找他处之物。在呈现决心和意义前，人必须抓拍到某种起作用的东西。在我们的生活中，我们很大程度上依赖于意志和表象的机制，但是真实的故事发生在别处。

帕蒂：这一非相似性与布朗肖所说的“苍白的相似”[1]有联系吗？

1　莫里斯・布朗肖，《文学空间》（Maurice Blanchot，*The Space of Literature*, trans. Ann Smock, Lincoln, NE: University of Nebraska Press, 1982, p. 257）。——英译者注

鲍德里亚：我不知道。我要说的是一种超心理学，在超心理学中我们从未是单一的个体，我们处于二元的生成状态，我们中的每一个都会被自我孪生中的另一个所困扰，俄狄浦斯情结的真正解决不再是与母亲和父亲相分离，而是与原生双胞胎相分离。如果一个人要成为他自身的话，这种双重性必须通过施魔法加以驱除，或许在这一点上我们从未真正成功过。我们被幽灵般的孪生性和身份的双重性所纠缠，总是受到要合为一体的威胁。这就是为什么来自别处的他者和诱惑能够把我们从这一致命的幽灵般的孪生在场中解救出来（这一抉择在电影《孽扣》[*Dead Ringers*] 中有格外强烈的表现）。那些对它保持依恋的人都是行尸走肉——这是我们所有人都在追逐的时尚，我们也由此落入了一个有害的认同陷阱。独特性只能来自分裂以及对称的消解。

帕蒂：人们有可能为这一幽灵般的孪生性命名吗？为什么是双胞胎而不是三胞胎？为什么您要强调“双”这一主题呢？

鲍德里亚：我们认为个体化的世界只有在多元化或多重性中才能被超越。这就是我们归于同类的方式。一个和一个以上，一和多，单数和复数。现在，有一种既不单一也不多元的基本形式：一种原初的不可简化的二元形式。它可能消失于多重或散播，或相反地进入个体，一种人工整合的物种。但是，生命的对立形式仍然是二元形式——某些语言中的一种特殊模式，但是在我们的语言中几乎丧失殆尽。这种原生的关系，既不是乘以二的关系，也不是一个与另一个的辩证或互动的模式——这种二元形式，不可化约为一个和另一个，它们从一开始就处于象征循环之中。当然，生命是一种成双的游戏，为的是逃避个体内部的二元性，但是它仍然要应对这神秘的另一半的闯入。

帕蒂：按照您的想法，您的理想是要摄影师去捕捉您幽灵般的孪生性吗？

鲍德里亚：就我个人而言，我从未在我见过的本人照片中发现孪生形式或二元形式。谁知道呢？我必须拥有一种对相似性秩序的抵制，以此作为我对精神分析的抵制。

拍我和分析我，都不容易。话虽如此，对我们来说，人最终是要与个体融为一体的。我所说的二元性，某种意义上是指我们进入了非人的世界，其中充满了诱惑和危险。当然，一些人设法通过摄影来感受别人的这种与众不同。有时候，一个细节、一个视角、一束光线，都能带来这种效果。如果一个人在拍照中本然出镜，在细节和片刻中尽显习性——与世界保持一致，那么他或她就总是原生性的。

帕蒂：如果您无法命名这一幽灵般的孪生性，那么您可以诗意地渲染它吗？

鲍德里亚：他者不必来自他人，它可能产生于一个场所、一个事件，来自各种各样的陌生的诱惑和趋同，来自打破这种孪生对称的任何东西。在过去，其他的力量，无论好坏，都促使我们与自身分离，而如今每个人都被留在自身之内。每个人都被困于自身的陷阱，甚至被困于生命的细节，被困于已经失去的象征性结构的碎片。每个人都只是被打碎的他异性镜子里的那个他者镜像。

通过技术，人的世界进入了非人的世界。当每个人都变成技术的载体、同一网络运作的手段时，这一孪生性的悲剧命运就成了对克隆人的诅咒。

帕蒂：尽管如此，人类思想仍然具有一种非凡的特殊性，这也许可以归结为这样一个事实，即它与科学相伴而生，用柏格森的话来说，科学是一种人的显著特性，关涉人的本质。人是唯一可以自我建构理论的存在物。弗朗索瓦·拉吕埃勒把人描述为一种理论化的个体。

鲍德里亚：人被定义仅仅是近两三个世纪的事情，当初根据理性，人被定义为拥有智识。从那以后，人与世界的关系一直都经过那一极其微妙的器官——大脑。在其他文化中，人与世界的关系是与整个身体的关系，身体处于变形的循环和与世界的共谋当中。我们所拥有的现代、理性的智识从一开始就让我们成为一种技术化的存在物，存在于我们的工具和知识的图景之中。现在，似乎我们今天的技术和科学已经超出了人类的智识。谁知道它们是否会把我们带向一种新的关系、一系列基于激进的不确定性的新规则呢？这暗示着一种智识的牺牲、一种物种循环的残酷中断。索尔·贝娄（Saul Bellow）曾用相当的篇幅描述过这样一个事实，即我们的文明正存在于自我仇恨中——这种自我仇恨源于与物种决裂所产生的难以克服的悔恨。正是我们身上的物种延续性在报复我们变成了自由、解放的个体。我们还将继续因这一背叛受到惩罚。我们的现代性是从人道主义和启蒙运动的视角来定义的，但是在我们之前还有比人道主义更深广的东西，并且该事物对人与非人的区别一无所知。在我看来，对非人的发现——或重新发现，在当前的知识领域中对人施加的暴力，似乎更是探究人的非人潜质的一条路径、一个突破口，去重新发现——谁知道呢？——一种可能的物种变形，而不是它在技术上的人工存活。

帕蒂：您赞同苏珊·桑塔格的断言“照相机是解药和疾病，是改写现实的一种手段，也是废弃现实的一种手段”[1]吗？

---

1 苏珊·桑塔格，《论摄影》（Susan Sontag, *On Photography*, London: Allen Lane, 1978, p. 179）。——英译者注

鲍德里亚：为什么不呢？但是，所有这些程式都退化了，因为它们总是在围绕真实打转——问题在于如何驱逐或侵吞真实。仅就图像生成幻觉而言，无论更好或更糟，真实问题都不应再成为问题。它被图像活动所抛弃，从一开始图像就超越了真假，超越了真实和非真实。图像不再是一个我们必须为它找到其真正用途的中介。它就是它的所是，它逃脱了我们所有的道德考量。它在本质上是非道德的，世界成为图像就是一种非道德的发展。逃避再现，并且使自己成为非道德的图像的载体，这取决于我们。再次变成客体，再次变成与世界诱惑相关的他者，这同样取决于我们。

帕蒂：我想回到"原始"这个词。您说过："对于物体、野人、野兽、原始人来说，他异性是必然的，独特性是必然的；最微不足道的客体是他者，对于主体来说，它就不那么必然了。"

鲍德里亚：野人不一定是原始人。野人不用去面对它的相似性、它的身份，不用去拼命寻找那种身份。野兽没有身份。它与所有其他的同类聚合在一起，它无我。因此，它未被异化：它与自我无关，与自身的意义和目的无关。因此，它存在的魅力无关于它们的形象，而是享受于它们的身体器官间的熟悉性以及器官间的共谋。如果人们设法恢复这一默认和陌生化，人们就会接近一种他者的诗性，一种他异性的诗性，类似异相睡眠[1]（与深度睡眠具有等同身份）的诗性。

帕蒂：说到摄影的魔力，您强调它惊人的静止的一面。这难道不是摄影提供给我们的一种禅宗式的极致性冥思的可能吗？您在写作中所表现出的与西方超验的断裂，是在表达一种更加东方化的态度吗？

鲍德里亚：确切地说，我不想提“东方”，因为我不

1　异相睡眠，即快速眼动睡眠，又称快波睡眠。异相睡眠在一定程度上会影响生长素（GH）在睡眠中的分泌情况。在觉醒状态下，生长素分泌极少，进入慢波睡眠状态后明显增多，转入异相睡眠后分泌又减少。异相睡眠时的脑电图与觉醒时的相似，呈现低振幅去同步化快波。虽然各种感觉机能进一步减退，运动机能进一步降低，肌肉几乎完全松弛，运动系统受到很强的抑制，但植物性神经系统活动增强，如血压升高、心率及呼吸加速、脑血流量及耗氧量增加等。——中译者注

想玩文字游戏或参照游戏。在图像和摄影中，如果不是冥思的影响，那就是麻醉的影响。在这一意义上，“定格”是世界的凝固。图像打断了事件之流。这种“悬置”从来都是不确定的，因为照片从未单独存在过，照片一张接续一张（除图像外，图像没有其他命运），静止和沉默共存于其中。无可怀疑，这就是为什么摄影重新获得了一道格外的光晕，这道光晕随着电影的到来而丧失殆尽。但是，电影——比如戈达尔[1]的作品——还有可能找回图像的这一特质：既与叙述共谋，又外在于叙述；既静止，又控制所有的运动能量。在这一意义上，摄影是一个高度浓缩的例子，它把整个事件过程浓缩进一个凝固的图像中，而当前的大多数图像提供的却是过于稀释的例子。

帕蒂：您说，在理想的情况下，摄影应该无须评论。您并没有对赞美摄影的机制表现出更多肯定。您认为那种机制令人讨厌？您认为它稀释了图像的力量，而不是把这一力量提升到至高的水平？

1　让 – 吕克 · 戈达尔（Jean-Luc Godard，1930 — ），瑞士籍法裔著名导演。法国新浪潮电影的奠基者之一。——中译者注

鲍德里亚：图像在幕后，“在镜头之外”，是表演的对立面。摄影表演，无论审美还是机制，无论在展览会上还是在博物馆里，都毫无意义。面对博物馆官方的防腐处理和摄影崇拜的严肃性，你会有一个奇怪的印象：我们谈论过的死亡，在图像中心处的死亡，已经被排除在外，荡然无存，呈现出陵墓和墓地的外观。不再是图像象征地包围死亡，而是死亡缠绕着图像。

帕蒂：就在摄影棚里自拍的培根而言，您说最好的自拍主体是这样一些人，他们发现自身具有强迫症的形式、喜怒无常的个性以及自恋的方面。您是要说画家培根的摄影棚自拍是成功的吗？

鲍德里亚：我并不知道他作品里的地点。我想人们可以——培根是这方面的一个例子——不再把自己完全看作一个再现的存在，而是把自己看作一个具有强迫症的、个性喜怒无常的存在 / 对象，他在自己的圈子里做事，不是任何意义上的自我表演。培根在疯狂的自我界定中走了很长一段路。这里面有一种魔力、一种你也可以在表演中找到的魔力。在表演中，你超越了自己的形象，你被留给一种快乐的死亡。表演的那一刻，表演者既是你，又不是你，一些人设法通过入场的限定去清除场景内部和周边的一切。培根比任何人都更成功，他在绘画领域之外创造了一种例外的、非虚空的奇点形式。他不再把自己投射进图像：他穿过图像，把自己生产为事件，无须评论。这一点使他与绝大多数的当代艺术家区分开来，那些人都过于在意自身在艺术史上的位置了。

帕蒂：您为什么不拍人呢？

鲍德里亚：因为唯有非人才上相。这一点还表现在最初的照片，甚至是有人的照片上，人们摆出像雕塑一样的姿势，被镜头锁定。令我感兴趣的是，在暗房的深处，这一对象在夜晚的哭喊。在每一个对象的特异性中，无论光还是物都会给你带来惊喜。这不再是一个强加的视觉或风格的问题。这项技术可能（随我一道，不是吗？）得到改进，但最终主体总是会消失在镜头之后。不过，这可以转移到其他地方。也许，通过发明多种虚拟连接，这一物种正在寻找一种使自身迷失于庞大的网络的方式。在技术世界里，真实的演员不是你认为的那个人。表演的规则无疑也不是你认为的那样。

帕蒂：为什么在有些领域——比如写作和摄影——存在您所预期的形式的复仇？为什么政治不是这种领域之一呢？

鲍德里亚：政治选择，严格意义上的政治选择，没有未来。它曾是一个乌托邦或一个承诺，来自工业的现代性和目的的合理性。如今，无论是目标还是承诺都已荡然无存。更确切地说，我们栖居在用暴力解决问题的对抗性梦境中，就像博尔赫斯笔下的镜中人的入侵[1]。这是一个关于所有被获胜的帝王谴责的人都被关在镜子后面的梦境，那里的人们只是在反映他们征服者的形象。某一天，他们开始不再仿效他们的征服者，而是反映一种扭曲的形象。他们将从相反的方向再次穿过镜子，重启战争。在这种情

---

1 豪尔赫·路易斯·博尔赫斯，《镜中动物志》(Jorge Luis Borges, “Fauna of Mirrors”, pp. 67-8)。——英译者注

况下，博尔赫斯写道，他们不会被打垮。

正是以荒诞的排斥为代价，以“完美的罪行”为代价，世界进行自我整合和同质化；这是帝王以其形象专断一切的胜利。有这样一种比喻性的观点，它认为留在我们这边的是一个物质的、可见的、可识别的、完全被认同的世界，然而在另外的某个地方（镜子后面）则存在一种无限的、不可知的暗物质，人们想象，某一天它可能会成为我们的命运。无论如何，从今天起，它是我们理解我们的物质世界的界限。我们遭遇了这个困扰着物质世界的总体的反物质之谜，但同时给予它相关性。世界如此构造，恰是因为这种对称性遭到了破坏，这确实使其无法再保持稳定。就像在其他地方，有女性的神秘本性，有黑格尔所看到的共同体的讽刺的秘密，还有予它以形式的东西。这一世界将没有尽头，因为总会有激进的他者在等着我们。但是，它不再是一种行动的、政治的、合理的、与历史相抗争的否定性。这是一场复仇的迫近，是所有被放逐到镜子另一边并被囚禁在胜利者世界里的奴性再现中的人的复活，是所有处于世界的错误那一边的人的复仇。这种力量——我们都是其中的一部分，即使不知道它——从镜子的另一边挤压出来，它幽灵般地出没于现实的世界。世界越是现实化，这种激进的幻觉性就越活跃。这就是我所说的恶的透明性。

第三章　艺术的童年

帕蒂：您曾在1996年6月10日的《世界报》(*Le Monde*)上声称："艺术不死，因为哪里还有艺术；艺术已死，因为艺术泛滥成灾。"这一有关艺术死亡的宣告，在您看来，可以追溯到马塞尔·杜尚(Marcel Duchamp)。为什么他会成为您的参照？杜尚凭什么成了艺术终结的先知？您可以更详细地介绍一下有关美学原则终结的想法吗？

鲍德里亚：是沃霍尔(Warhol)，他最先吸引了我，杜尚是后来才出现的。对我来说，一场艺术史上的人类学断裂与他们有关，这就是美学原则的终结。再强调一下，这不是艺术的消亡，而是审美的饱和。随着杜尚的平庸变成艺术，艺术从此不再创造另一场景，一个虚幻的场景、一个强烈的场景，而是满足于把握现实。问题（这就是为什么对艺术和艺术史研究者存在误解）不是要在艺术领域里寻找一个特定的替代方案。艺术主题界线的划定是有疑问的。我反对当代艺术的守护者，他们营造了一种自我参照、高度自恋的氛围，并且宣称拥有不朽的地位。如今的艺术就像现实一样，是一个被建构的概念，也因此会遭到解构。终结并不意味一无所有。问题在于终结之后会怎样。问题在于，在杜尚引入这一断裂之后，什么样的超审美对象会接踵而至，从而人们不会再回到对已逝的绘画对象的怀旧当中去。

帕蒂：亚瑟·丹托非常接近您对这一问题的思考方式。在《艺术的终结之后》[1]一书里，他认为，我们在不断展望未来，缺少有关当下的任何叙述。我们生活在一种叙述的余波中，它已经走到了尽头，尽管那种叙述的记忆还会浸染我们当下的意识。但是，《布里洛盒子》（*Boîte Brillo*）之后艺术变得多元的方式，更清楚地表明西方艺

---

1 阿瑟·C. 丹托，《艺术的终结之后：当代艺术与历史的界限》(Arthur C. Danto, *After the End of Art: Contemporary Art and the Pale of History* [*A. W. Mellon Lectures in the Fine Arts*, 1995], Princeton, NJ: Princeton University Press, 1997)。——英译者注(译按：阿瑟·C. 丹托 [1924—2013]，分析哲学家、艺术哲学家、艺术批评家。)

术的主导叙述已经失去支配地位，且无物取而代之。在丹托看来，无物可以替代。您对此有何想法？

鲍德里亚：艺术史与一般历史的问题大同小异。任何时期都有艺术，但是它们并不一定都受历史概念的支配。概念创造了一种连续性，连续性本身产生了进化和积累的观念。我们宣称今天是文化上最丰富多彩的时期，我们坐拥两千年的博物馆想象（musée imaginaire），艺术史本身有一种神秘的错觉的效应，它赋予自己一个维度、一个起源、一个目的，但艺术不可能拥有其中的任何一种东西。艺术并不归属于艺术史。当培根作画时，他与世界是脱节的，他不需要任何参照，并且他不知道自己为什么要画这些东西。他不认为他的艺术值得评论：他追求本然，而所有的存在都沉迷于幻觉，沉迷于幻觉形式。

不存在特殊的审美地位，不存在艺术的特权——甚至不存在否定的特权。我的意思是说，如果只有艺术独自承受这一标准衰退的命运，承受这一讽刺和有害的毫无价值的命运，那么这将是一种特权和荣誉。但是，在政治、道德和哲学的领域里，所有的一切都趋向于毫无价值的最小公分母。这一不幸的匹配应该算是一种安慰，但实际上它使艺术本身的无足轻重不再形影相吊，也因此，艺术的无足轻重既不再具有特殊的本质，也不再具有特殊的身份。这一点恰恰是它想否认的，它自诩一种华丽的历史，通过彻底重构来呈现它的辉煌（仿佛以往所有的文化都一直致力于更大的艺术荣耀），并且重构某些当代的例外，这些特例蔑视艺术和美学的规范，断言自身有一种无与伦比的宿命。

艺术是否一文不值？它太无价值了，谈不上真正的肤浅，它太肤浅了，谈不上真正的无价值。

帕蒂：您喜欢培根吗？

鲍德里亚：当然。我很遗憾当时发生在他身边的喧嚣。在采访中，他谈到了感觉、技术、工艺。他并没有评价自己的作品。

帕蒂：德勒兹对他的评论，您以为如何？

鲍德里亚：那是属于德勒兹的。培根本人说过他并没有在其中看到他自己。我喜欢培根的独异性。我更愿意把他当作一个纯事件。所有那些围绕他的文化奉承——就像围绕梵高的一样——所有那些鼓噪，都在作为一种控制和禁止的形式发挥影响，你甚至在展览现场就可以亲身感觉到，大众文化的影响妨碍你观看。与其说是公共场所里的大众——一种本身就令人反感的现象——不如说是艺术本身的大众化，它跨过了临界阈值（seuil de la masse critique），不再服从美学原则。

帕蒂：您有点儿像娜塔莉·萨洛特[1]《金果》里的叙述者。您无法不理会那些具有文化势利者特征的谈话和交流，这些人频繁参与展览……

鲍德里亚：文化势利者为数众多，但在这一点上存在普遍的共谋。文化影响被折射进了所有社会肌体的分子当中。文化中介彻底失效了。事实上，今天的人们不再可

1　娜塔莉·萨洛特（Nathalie Sarraute, 1900—1999），法国当代著名新小说派作家和理论家。——中译者注

能把艺术与话语和评论割裂开来了。艺术家需要这些。他们要么从别处获得，要么自己收集整理。艺术一旦脱离鲜活的幻觉原则，就会逐渐变成一种观念。围绕这一艺术观念——艺术注定要有观念或被视为过去的形式，但是一种不知不觉成为观念的形式——围绕这一作为参照的不朽的艺术观念，一个巨大的集体阴谋已经孵化出来了，这是一种大众审美的拟真，为方便起见，我称之为艺术阴谋。我对此深信无疑。在当代艺术中（我不仅指艺术市场，而且还指审美价值），我认为存在一种可耻的共谋、一种有关“内部交易”规矩的共谋。你可能好奇所有这一切是如何持续存在的，但是它就像所有一般来说毫无用处的阴谋一样。就像特工部门，毫无效力，但是特工部门的神话依旧延续着，广受欢迎。因此，有关艺术的幻觉通过普遍的共谋得以永久化。不过，再强调一次，这不只是艺术的情形，历史和政治的场景也是如出一辙——神秘的不是它们的消失，而是它们的存活。

帕蒂：这难道不等于说艺术不再可能听命于回归，回到色彩和形式的原初状态了吗？在生命即将结束之际，D.

H. 劳伦斯（D. H. Lawrence）思考了什么是可能的太阳文化。我之所以想到他，是因为您对文化的谴责。文化封闭了回归过程，尽人皆知，这一封闭可以使某物走向进步。这样一来，也就越来越难以接触到您所说的纯事件、纯凝视，还有贡布洛维奇提到的赤裸。我的直觉已经被文化收买了。

鲍德里亚：文化属于一种技术秩序。文化不仅是博物馆和牧师，还是一种知觉装置和一种心理技能。我们已经忘记了这样一种理念，即绘画的基础是知觉系统。艺术是人工制品，就像每一件人工制品一样，它必须有能力接受挑战——不是要回归自然，而是要回归一种比它自身更强大的幻觉。最终，这种文化大杂烩的存在本身就是一个谜。它给人的全部印象是，它可以（并且必须）瞬间消失。你所说的退化可能是退回到一种原始的野性形式，它将清除上层建筑，以便最终能够扪心自问：使人造物显现和消失到底意味着什么。艺术已经失去了作为一种人工制品的观念。它在以卢梭思想——人类拥有一个自然的基础，只要消除社会幻觉就能恢复它——为基础的现代使自身自然化了。今天，这已经变成一种观念，即人具有一种天生的创造力，这种创造力只需要被重新唤醒。每个人都有创造力，我们都是创造者。这既是卢梭主义的观点，也是自然主义的观点。甚至我们的现实原则就建立在这一基础之上……建立在这一观点之上，即世界拥有一个客观的基础，要想找到它，必须消除幻觉。科学本身分享了这一自然的客观性（至少传统科学是如此）。

帕蒂：关于您所说的艺术的自然化，丹托写了某种类似的东西，他提及约瑟夫·博伊斯[1]的预言，即每个人都是艺术家，这是沃霍尔的广义上的平等主义的必然结果（或与沃霍尔密切相关）。您几乎把现代艺术史视为现代个体史的一个范例，“就像传统历史一样，西方具象艺术史已经成为预言人类事业能够实现真正进步的一个范例”。

您赞同这里做出的类比吗？

鲍德里亚：是的。有一种理想主义和平等主义的创造

1　约瑟夫·博伊斯（Joseph Beuys, 1921—1986），德国行为艺术家，信奉人人都是艺术家的观点，代表作《如何向死兔子讲解图画》《油脂椅》等。——中译者注

性道德，这是一种互动的和民主政治的道德，主张每个人最终都有同其他人一样的判断能力。事实上，这是由法律条款认定的，每个人都可以合法地行使他的自由，但是法律管辖权无涉想象。至于形式及其发明受个人合法性的保护，这到底意味着什么？我并不认为主体本身该为形式负责，主体只为价值负责。在我们的艺术和文化的一般概念中，形式和价值之间存在巨大的混淆。在我看来，民主及其法律与平等原则延伸到形式领域，似乎很滑稽。同样的悲剧效果随处可见。当性成为一种价值时，它就可以被民主化、自由化和道德化。但这样一来，它就会失去诱惑的全部秘密，而诱惑是一种形式，一种带有自身规则的双重游戏，也与民主毫不相干。

帕蒂：条件等同原则可以说是这一切的根源吗？

鲍德里亚：从这种平等主义角度看，任何物体都有进入画廊和博物馆的同等权利。它们全都在那里，这是绝对的民主、平庸的变体。某种意义上，沃霍尔做了同样的事情，他使创造普遍化了，也就是说，不再有创造者。人人都是创造者，这一想法自然会滋生无差异。沃霍尔有意以一种咄咄逼人的方式玩味那种无差异，并说：我就是一台机器。正是在这样一种创造力的民主化中，创造力变成了一种机制。这是一种激进的祛魅，也是杜尚所做之事。

但是，除了这一目的，除了这样的迂回和曲折，还有什么呢？或许是一个拜物的世界，就像罗杰·凯卢瓦[1]所意识到的那样。也就是说，像拜物教一样，所拜之物没有参照，没有意义，没有所谓恰当的文化价值，物属于美学，或超出美学。你可以想象存在一种仪式化的、拜物教的、魔幻的物的丰富的系统性——一种普遍存在的小玩意的秩序的（为什么不呢？）丰富的系统性，或纯技术的、电子的乃至多媒介的技艺产品，一种在虚拟现实中仿造整个世界的丰富的系统性——这本身就是一个巨大的小玩意儿，它将使图像终结，图像不再是表象，而只能是幻觉。今天所生产的一切大概最终只能这样：各种各样的所拜之物存在于它们的透明和无意义中，难有价值判断，缺少参照，没有历史；就像今天的大多数艺术品一样，它们可以相互

1 罗杰·凯卢瓦 (Roger Caillois，1913—1978)，法国作家、社会学家、文学批评家。——中译者注

替代，在普遍性和全球化的灵感中，产生出一种最大限度延伸的、零价值的、全方位的文化辐射。但是，当沃霍尔对这种艺术进行普遍推广时，它带有一种强烈的讽刺意味，并且基于一种不可逆转的清算，这种清算与目前议程式的文化民主大相径庭。杜尚和沃霍尔是两位这一激进清算的伟大的发动者。不过，所有被清算的东西今天都在博物馆化的空间里复活了。

帕蒂：尽管如此，还是有一些艺术无政府主义者逃离了这种平庸……比如波洛克[1]。

鲍德里亚：是的，波洛克。霍珀[2]尤其如此："我不是在画故事，我是在画这面墙上的光线。"这一抽象理念也是一个至关重要的事件。这种抽象解构了物，使其还原为简单元素、几何形状，成为现代性的主流。抽象的悖

1　杰克逊·波洛克（Jackson Pollock, 1912—1956），美国画家，抽象表现主义绘画大师。——中译者注

2　爱德华·霍珀（Edward Hopper，1882—1967），美国画家，作品《有两个灯的灯塔》《谢里登剧院》等。——中译者注

论——因此也是现代先锋艺术的悖论——在确信它使物体从喻指的约束中“解脱”出来，进入纯粹的形式游戏的同时，使其束缚于一个隐蔽结构的理念，一个比相似性更严格、更彻底的客观性。这种超理性主义的抽象试图推开相似性面具，以求取得解析对象的真相。

再者，现代性的整个美学和政治主旨一直在追求这一解析的真相，而现在至关重要的东西却恰恰相反：你必须透过相似性才能揭开面具，你必须透过真相才能呈现幻觉和秘密的他者。

更微妙的游戏在于，以现实为面具，将相似性视为陷阱，透过这种逼真的相似性来制造幻觉，使其更细致、更明晰，使相似度更加凸显，直到它太完美以至不真。这是错觉的秘密，更一般地说，这是一个超出表象、超出其抽象且幻觉的超越的喻指的秘密，现代艺术在这里逐渐消失。

由此，抽象是实验的最后阶段，只要有形式和价值需要解构，它就会一直存在下去。但是，终结之后，还有例外。在世界遭遇这一解构之外，各种各样的妥协、各种各样的或多或少的痛苦修正、各种各样的和解，都出现了。今天在后现代症候下重现的一切，自 20 世纪 20 年代以来就开始存在了，在确定实现的基础上，也就是说，在完全实现了抽象的基础上。重新定位，所有被解构的形式和形象得以回归，没有特别的秩序，并且现在也没有审美必要。修饰、复原、悔改——重现和循环。所有消失的一切都将重现，只不过不再有同样的意义，也不再与审美冒险有任何关系。我们处在无目的的拜物教秩序中，因为目的已经被我们甩在身后。在现代性的进步运动之后，我们有了退步运动。在解析的和充满活力的运动之后，讽刺的、后人类的运动接踵而至。用黑格尔的话说就是"在自身之内运动的生命已经死亡"。但是，所有这一切都还在把自身呈现为艺术，美术馆和所有类似的机构则是它们的殡仪馆。

艺术本身，就其意欲创造真实之外的场景而言，与解析的真相无关。一旦与真相有关，它就成了一面分散的、随机的有关现实的镜子，成了一种废物和平庸的反映。在蓬皮杜的无形物展览中，我们看到的是流动的油漆和废弃物，但是我们在四周和其他任何地方看到的无形物会比这好一百倍，并且比这些呈现为象征的无形物更令人惊讶。这些美术馆作品仅仅是当今世界的遗迹，被赋予一种人造的光晕。无形物无处不在——或许，这一运作的例外在于，首先它是无形的物体，其次它的展览组织者把无形物以一种有形方式呈现给我们，最后在会议上专业人士向公众解释事物是如何与无形物共存的，它本身处在一个高度有形的场合中，那里的公众最终完全被误导了。至少，整个文化大厦可以从三个层面加以解读。蓬皮杜的清洁工罢工是出于同样的秩序。由于这次罢工，这一文化象征中心变成了废物，而在废品展览的框架内，垃圾正在变成文化。

帕蒂：我想我们来简单聊几句电影吧。围绕着百年纪念活动事件的发生，戈达尔宣称，纪念活动“正在记起荣誉，而不是使记忆成为荣誉”。这是对纪念活动的讽刺性评论，当然，它并没有告诉我们电影是怎样发展到今天的。巴赞把电影称为大众艺术的形式，吉尔 · 德勒兹称电影为一种完全成熟的思想形式，这一形式并没有告诉我们“运动 – 影像”在它出现一百年后会是什么样子。[1] 您对这个问题持何种观点？您如何看待电影的未来？

---

1 参见吉尔 · 德勒兹，《电影 1：运动 – 影像》(Gilles Deleuze, *Cinema I: Moverment-Image*, trans. Hugh Tomlinson and Barbara Habberjam, Minneapolis, MN: University of Minnesota Press, 1986)。——英译者注

鲍德里亚： 这里再强调一次，这一趋势——电影魔力的消失——似乎是不可逆转的。很明显，电影一直在朝着更加现实化的方向发展，这种现实化将继续发展成计算机制作的影像，它已经被引入并呈现在了彩色、3D 和高科技电影中，这一切很大程度上利用了真实的或超真实的世界，并且设法从中提取所有层次的特效。也有例外，比如沃霍尔、奥特曼[1]、戈达尔和安东尼奥尼，他们一直在设法通过影像追溯世界的无意义——终极意义上的纯真——并且通过他们的影像促成这样一种无意义的实现。

帕蒂： 您的意思是说电影只是一个插入成分？

鲍德里亚： 在我看来，电影似乎已经陷入了一种对自身的文化和历史的怨恨，陷入了一种几近嘲弄的表演游戏。它不再相信自身，尽管它拥有可资利用的无限的技术和审美的可能性——也许恰恰就是出于这样的原因，它不再相信自身。所有这些带有特技效果的电影，更可能被视

1　罗伯特·奥特曼（Robert Altman，1925—2006），美国导演、编剧、制片人。——中译者注

为一种机器本身的幻觉，这机器是一种带有多层次技术的单一机器。你曾提到的电影的允诺不再如此，这也许是一个并未实现的允诺，或是一个超出了我们预期的允诺。事实上，所有的现代性允诺都具有相同的秩序：它们已经通过技术手段实现了，我们就像幽灵或临时演员一样，出没于这样一个除了维持它的技术机制的运转之外什么也干不了的世界。

帕蒂：那么，您对恢复已逝的电影幻觉感到绝望吗？您在1996年11月发表的《危机关头》（*krisis*）中写道："一切似乎都在编程中导致观众幻灭，他们的唯一结论是，电影的泛滥终结了所有的幻觉。"

鲍德里亚：大多数流行电影，通过血腥的内容、拙劣的情节和技术的诡计，实际上揭示了对电影制作者本人所使用的工具和所进行的交易的极度蔑视，对影像本身的极度蔑视（无论如何，这是一种由卖淫所导致的特殊效果）；因此，它也揭示了对观影者的蔑视，观影者被称为这种影像卖淫的虚弱的窥淫者，这种处于暴力托词背后的各种形式的乱交的窥淫者。事实上，这里没有真正的暴力，残酷剧场里空无一物，有的只是另一种讽刺、一种明知故犯的征引，它已经不再是电影文化的秩序，它源于对自身感到怨恨的文化，确切地说，这是一种难以终结的文化，正变得无止境地堕落——堕落被提升为一种审美和精神商品的力量，既尖锐又衰微，我们把它当作一件“艺术品”来消费，就像我们品味政治阶层的堕落一样，两者构成狡猾的共谋。这里，由专业人士引发的针对影像的破坏活动，加盟到了由政治家们发起的针对政治的破坏活动当中。

无障碍观看或思想最终的不确定性

客体不可化约为主体。

主体不可化约为自身，不可化约为分析它并借此分析自我的概念和公式。

交换不可化约为等值。

社会不可化约为社会本身（被诅咒的部分，批判的大众）。

历史不可化约为历史事件。

性不可化约为性诱惑。

征用所有学科，为的是解开它们的对象之谜。不是作为现实、客观、方法、参照，而是在横向、暗指、隐喻、省略、讽刺的模式中使用它们。分析本身不是对客体的戏仿吗？但是，客体也不只是解释的盲目的基底。这样的东西一旦失去意义，就可以抛弃。其中之物在嘲笑我们，嘲笑我们的分析。

那么，这一进展背后的痴迷、秘密动机、无尽的结局是什么呢？找到一个不可化约的点，使我们能以不受阻碍的视角观看世界。

所有学科种都可见其对象消失的趋势。人类学的真实并不比原始社会真实，但在原始社会里我们整个社会逻辑的当下革命应运而生，透过对野蛮人的想象，激进的他者远超过人文科学的现实逻辑。社会领域的准确性使它变成了一种关键的指数现象，使它达到无法返回的临界点（point critique），使它消失在质当中，或相反，使它在象征的炽热中燃烧，对自身价值提出挑战。这也是一种分析的准确性。无论如何，当社会学最终开始陈述一些连贯的社会命题时，社会必将提早消失。社会已在消失。唯有社会学元语言保留了它的结晶化痕迹。

人的意志本身正在变得半透明。我们的每一个行动都处于与微观粒子相同的不稳定状态。我们既无法估量它的目的，也无法估量它的意义。你既无法计算一个人的生命价值，也无法计算一个人的统计价值。正如我们无法同时计算一个粒子的速度和位置一样，我们也无法估量真实的事件以及它在信息中变化的意义。在一个特殊的复杂的过程中，我们也无法区分结果和原因；我们同样无法在斯德哥尔摩综合征中区分恐怖分子和人质，在致命的共生中区分细胞和病毒——就像在亚原子的物理实验中，无法区分主体和客体。

现在，如果我们无法把握事件的起源和特异性，无法把握事情的表象和它们的意义，那么二选一也是有可能的：或者我们掌握意义，表象逃离我们；或者意义逃离我们，表象被保留下来。在这种不确定性的作用下，事物正越发远离它们的意义，毫无疑问，甚至事物彼此之间也越来越远——世界在这里强调的是它遁入了陌生和虚无。

经济的、政治的、社会的、审美的气象阶段。不确定的气象标志。

全球化阶段，很快变得国际化，唯有事件是可能的。

病毒的、分形的阶段，一切皆不固化，它们秘密地播散在一个消解了两极化的空间里。无物再有意指功能。那里的一切都是在为填补语言的空白，语言已经成为所有滥交的随机场所，成为非歧视性准则和淫秽准则的场所。无物再面对他物——包括想法。所有事物都在释放排斥力。在这一链式反应阶段，其中的原子能仍然是原型。核泄漏，包括信息的泄露，使所有过程都进入一个与历史不相称的维度。无处不在的释放触发了指数过程，完全不同于象征性平衡。所有功能不再是比较级的或最高级的，而是变成了指数级的，超过了它们的终点和界限。它们进入了一个无休止的阶段——不受控制的生长或持续培育的状态。无处不在的释放触发了融合，然后是能量的超级融合。

在这一走向极端现象的进程中，与不同学科相关的乌托邦崩塌了（因为每一门学科都隐匿着一种方法和一个乌托邦）。不再是政治的颠覆，不再有欲望或无意识的“解放”，也不再有能指的本质化，甚至不再有由激进的主体性带来的异化的乌托邦主旨。元语言的终结、形而上学的终结、隐喻的终结，所有这一切都让位给了纯符号、纯事件。因为一切都已实现了，所以在最后什么也发现不了；一切都已经在那里了，也就是说，到了尽头。

仅有的致命策略：发现一个盲视的、间接的、潜在的点，一个所有系统的不可化约的逆转的点。有鉴于此，分析本身成为客体，成为物质客体，成为语言的物质事件——并且变得如此具有讽刺意味。保持沉默、诡计、不可化约的无意义，这些就是客体的效果。将客体的讽刺——世界的讽刺，从不是它自身的讽刺——纳入考虑。

不再是人去思考世界。今天，恰恰是非人在思考我们。这完全不是隐喻，而是病毒同源性，是病毒、污染、虚拟、非人思想的直接渗透。我们不再属于我们自己思想的迷恋对象，或不再属于不可控的多余生长的思想的迷恋对象。我们现在有可能把握我们来自的欧米伽点[1]，它外在于人，以客体为根基，远离我们的科学，非常陌生，它是激进的不确定性的承担者，我们完全不再可能在客体的基础上把我们的视角强加其上，对我们来说，客体已经成了陌生的吸引者……总而言之，这是一个英雄主义的视角——思想选择了弃绝之路，而没有通过实现它以弃绝其概念。一种罪恶的思想，它说的是邪恶、幻觉、诱惑、欺骗，以及一种分裂“现实”世界的各种不可调和力量的特性，它本身与那种完美的罪行相对立，而那种罪行是世界的无条件和解的事业。一种对欺骗并不陌生的思想——就像我们所知道的真相一样，它永远是被遮蔽着的，因为它本身就是一

1　ω 是希腊字母表中的第 24 个，也是最后一个，音译“欧米伽”，可代指“终结”，与希腊字母表中的第 1 个 α（阿拉法）相对应。参见《启示录》22:13：“我是阿拉法，我是俄梅戛；我是首先的，我是末后的；我是初，我是终。”——中译者注

种永远的欺骗。

“当我们揭开真相的面纱时，我们绝不能相信真相仍然是真相”——因此，真相从未赤裸裸地存在。

当真实的幻觉被驱散时，我们绝不能相信真实仍然是真实——因此，真实就是没有客观性的现实。

图书在版编目（CIP）数据

临界：鲍德里亚访谈录/（法）让·鲍德里亚，（法）菲利普·帕蒂著；戴阿宝译. — 上海：上海社会科学院出版社，2021
ISBN 978-7-5520-3528-5

Ⅰ. ①临… Ⅱ. ①让…②菲…③戴… Ⅲ. ①鲍德里亚（Baudrillard，Jean 1929-2007）—访问记 Ⅳ. ①B565.59

中国版本图书馆CIP数据核字（2021）第065952号

上海市版权局著作权合同登记号：09-2021-0117

拜德雅·人文丛书

临界：鲍德里亚访谈录
Le Paroxyste indifférent. Entretiens avec Philippe Petit

著　　者：［法］让·鲍德里亚（Jean Baudrillard）
　　　　　［法］菲利普·帕蒂（Philippe Petit）
译　　者：戴阿宝
出 品 人：佘　凌
责任编辑：熊　艳
书籍设计：左　旋
出版发行：上海社会科学院出版社
　　　　　上海顺昌路 622 号　邮编：200025
　　　　　电话总机：021-63315947　销售热线：021-53063735
　　　　　http://www.sassp.cn　E-mail: sassp@sassp.cn
照　　排：重庆樾诚文化传媒有限公司
印　　刷：上海盛通时代印刷有限公司
开　　本：1092mm × 787mm　1/32
印　　张：6.875
字　　数：110 千
版　　次：2021 年 5 月第 1 版　2021 年 5 月第 1 次印刷

ISBN 978-7-5520-3528-5/B.298　　定价：48.00 元

Le Paroxyste indifférent. Entretiens avec Philippe Petit, by Jean Baudrillard

版贸核渝字（2016）第 187 号

拜德雅
Paideia
人文丛书

（已出书目）

语言的圣礼：誓言考古学（"神圣人"系列二之三）	[意]吉奥乔·阿甘本　著
宁芙	[意]吉奥乔·阿甘本　著
奇遇	[意]吉奥乔·阿甘本　著
普尔奇内拉或献给孩童的嬉游曲	[意]吉奥乔·阿甘本　著
品味	[意]吉奥乔·阿甘本　著
什么是哲学？	[意]吉奥乔·阿甘本　著
什么是真实？物理天才马约拉纳的失踪	[意]吉奥乔·阿甘本　著
海德格尔：纳粹主义、女人和哲学	[法]阿兰·巴迪欧 & [法]芭芭拉·卡桑　著
苏格拉底的第二次审判	[法]阿兰·巴迪欧　著
追寻消失的真实	[法]阿兰·巴迪欧　著
不可言明的共通体	[法]莫里斯·布朗肖　著
什么是批判？自我的文化：福柯的两次演讲及问答录	[法]米歇尔·福柯　著
自我解释学的起源：福柯1980年在达特茅斯学院的演讲	[法]米歇尔·福柯　著
自我坦白：福柯1982年在多伦多大学维多利亚学院的演讲	[法]米歇尔·福柯　著
铃与哨：更思辨的实在论	[美]格拉汉姆·哈曼　著
迈向思辨实在论：论文与讲座	[美]格拉汉姆·哈曼　著
福柯的最后一课：关于新自由主义，理论和政治	[法]乔弗鲁瓦·德·拉加斯纳里　著
非人：漫谈时间	[法]让-弗朗索瓦·利奥塔　著
从康吉莱姆到福柯：规范的力量	[法]皮埃尔·马舍雷　著
艺术与诸众：论艺术的九封信	[意]安东尼奥·奈格里　著

批评的功能　[英]特里·伊格尔顿　著

走出黑暗：写给《索尔之子》　[法]乔治·迪迪－于贝尔曼　著

时间与他者　[法]伊曼努尔·列维纳斯　著

声音中的另一种语言　[法]伊夫·博纳富瓦　著

风险社会学　[德]尼克拉斯·卢曼　著

动物与人二讲　[法]吉尔伯特·西蒙东　著

非政治的范畴　[意]罗伯托·埃斯波西托　著

临界：鲍德里亚访谈录　[法]让·鲍德里亚&[法]菲利普·帕蒂　著

"绝对"的制图学：图绘资本主义　[英]阿尔伯特·托斯卡诺&[美]杰夫·金科　著